D0917715

CANTAR DE VALTARIO

Director de colección: CARLOS ALVAR

Título original: *Waltharius*

Ilustración de cubierta:
Sigurd atraviesa con su espada a Regin. De la puerta de la iglesia
de Hylestad, en Noruega

+ +

Sánchez Pacheco, 81.-28002, Madrid

Maqueta de colección
y diseño de cubierta:
MANUEL JANEIRO

Depósito Legal: M. 2241-1998

ISBN 84-249-1893-2

Impreso en España. Printed in Spain
Gráficas Cóndor, S. A.
Esteban Terradas, 12. Polígono Industrial. Leganés (Madrid)

+ + + + + + + +   + + + + + + + + + +

CANTAR DE VALTARIO

TRADUCTOR

Luis Alberto de Cuenca

INTRODUCCIÓN Y NOTAS

Ana M.ª Jiménez Garnica

CLÁSICOS MEDIEVALES

INTRODUCCIÓN

1. PRESENTACIÓN

La civilización germánico-cristiana que sustituyó al Imperio Romano de Occidente dio nueva vida a los relatos épicos, un género que, pese a haber sido poco practicado por los romanos tras su inicio glorioso, fue recuperado a comienzos del s.v por el hispano Prudencio (*Psychomachia*)[1], al comprender el alcance de sus posibilidades docentes y propagandísticas que él puso al servicio del cristianismo. Los germanos de las migraciones los utilizaron como registro oral de hechos memorables y de su mentalidad, cuya conservación concernía a un reducido grupo de familias. En su contenido tenía primacía el ámbito privado sobre el público y los intereses familiares y tribales sobre los del Estado. Por lo que, bajo un aparente relato heroico, que se utilizaba como parte de la instrucción de jóvenes guerreros cortesanos[2] y para enardecer su ánimo antes del combate, la mayor parte de estas *cantiones* parece que encubrían también una antigua tradición filosófica y el último eco de la situación religiosa de los pueblos germánicos anterior a la conversión, ya que se proyecta a través suyo el discurso del orden social indoeuropeo tripartito y trifuncional que aquéllos conservaron, consciente o inconscientemente, pese a su progresiva conversión

[1] Un poema alegórico sobre la lucha entre los vicios y las virtudes, que se encontraba en los fondos de las bibliotecas monásticas más importantes.

[2] Así se dice expresamente en las *Institutionum disciplinae* (poema anónimo hispano de comienzos del s.VII), Migne, *PL* 4 (1845).

al cristianismo. Tal filosofía explicaba, a nivel popular, que el orden armónico del Mundo sólo era posible con la colaboración de las funciones de soberanía, fuerza y fecundidad. Las mismas ideas, aunque revestidas del necesario revoco cristiano, se impusieron en el nuevo orden medieval consolidado por Carlomagno, lo que explica que éste se decidiera a utilizar las viejas sagas germánicas para su programa renovador y encargara nuevas versiones escritas, que se formularon tanto en latín como en romance. Después, tuvieron aún mayor difusión al recibir forma plástica sobre objetos diversos del arte románico [3].

Aunque fueron mayoritariamente compuestas por jóvenes aedos, habitualmente nobles guerreros, entre finales del s. IV (a raíz de las importantes modificaciones socio-institucionales que produjo la invasión huna sobre la *Gothia* y la *Scythia*) y la entrada de los lombardos en Italia (año 568), las sagas salieron pronto del ámbito generador cortesano, y arraigaron a nivel popular como *carmina maiorum* o *carmina prisca* que recordaban las glorias de los antepasados. Su versatilidad les permitió irse adaptando a sucesivos auditorios, de manera que grandes héroes del pasado (Atila, Hagen/Haganón, Gunter/Guntario, Walter, Ermanarico...) entretejieron sus historias con otros recientes (Sigmundo, Sigfrido, Brunehilda...), y configuraron narraciones que no siempre se ajustaban a una realidad histórica precisa [4].

[3] L. Buisson, *Der Bildstein Adre VIII auf Gotland, Göttenmythen, Heldensagen und Jenseitsglaube der Germanen im 8. Jahrhundert n. Chr.*, Abhandlung der Akademie der Wissenschaften in Göttingen, Phil.-Hist. Klasse Nr. 102 (1976), y E. Wamers, «Die Völkerwanderungszeit im Spiegel der germanischen Heldensagen», *Germanen, Hunnen und Awaren. Schätze der Völkerwanderungszeit*, Nuremberg, 1988, 69-94.

[4] Así, la narración de Jordanes de la muerte de Ermanarico en 375 (*Get.*, XXIV) como resultado de una venganza familiar, guarda estrechas semejanzas con las versiones bálticas del s. XIII, la *Thidrekssaga* y la *Hervarasaga*, y con otras alemanas, pero difiere notablemente del más creíble relato de Amiano Marcelino (XXXI, 3, 2), porque escribió más próximo a los hechos, que la explica como infamante suicidio ante su incapacidad para resolver el cerco huno.

Waltharius[5] es un poema de 1456 hexámetros latinos[6], que recoge la historia de Walter de Aquitania. Menéndez Pidal[7], sin duda influenciado por la corriente historiográfica germanizante que triunfaba en España a mediados de siglo, vinculó a este héroe con el reino galo de los godos de *Tolosa* (Toulouse), y les atribuyó su primitiva autoría y su transmisión a la Península, aunque los expertos no habían individualizado hasta entonces un grupo de sagas visigodas. Su postura, que fue rebatida desde perspectivas distintas[8], se justificaba en una pretendida continuidad de la historia del héroe en ciertas versiones romances: en la castellana de *Gaiferos y Melisenda*, y en la de la *Escriveta* cantada en el Languedoc y Cataluña. Pero no parece que tuviera en consideración el hecho de que, anteriormente a ellas, se hubieran compuesto otras anónimas[9] fuera de España. Sí coincidía, sin embargo, con la investigación extranjera en sostener que el asunto era histórico[10], aunque parecía que, al transcribirse al latín, se había ajustado a las condiciones geográficas y costumbres patronímicas de la región de Lorena[11].

[5] Para la traducción del texto se ha seguido la edición de K. Strecker en los *MGH, Poet. Lat. Medii Aevi*, VI, 1, Munich, 1978, págs. 24-83.

[6] Así quedó fijado tras la primera edición crítica realizada por Fr. Chr. J. Fischer (Leipzig, 1780), pero K. Strecker ha omitido en la suya el v. 652, aunque ha mantenido la primitiva numeración.

[7] R. Menéndez Pidal, *Poesía juglaresca y orígenes de las literaturas románicas*, Madrid, Instituto de Estudios Políticos, 1957, pág. 349.

[8] Desde la de la Historia del Derecho por A. García Gallo («El carácter germánico de la épica y del derecho en la Edad Media», *Anuario de Historia del Derecho Español* 26 (1955), 583-679), y desde la Filología Hispánica por J. Fradejas (*La épica*, Madrid, 1973, págs. 14-16).

[9] La anglosajona *Waldere* (s. VIII), la italiana *Cronaca della Novalesa* (c. 1027), el germánico *Walther* (c. 1230-1250), la noruega *Thidrekssaga*, caps. 241-244 (s. XIII), el germánico *Biterolf und Dietleib* (s. XIII) y el *Chronicon Boguphali Episcopi* polaco en prosa (s. XIV).

[10] R. Heintzel, «Ueber die Walthersage», *Sitzb. der Kaiserl. Akad. Phil.-Hist. Kl.* 117, Viena (1889), 22-32.

[11] M. Wilmotte, «La patrie du *Waltharius*», *Revue Historique* 127 (1918), 1-30.

2. EL AUTOR

Desde que Jacob Grimm y Andreas Schmeller[12] plantearan en el siglo pasado el asunto de la autoría del *Waltharius* hasta hoy, no se ha alcanzado unanimidad en el tema y las previsiones al respecto son bastante pesimistas[13].

Grimm lo atribuyó a Ekkehard I (900-973), monje del monasterio suizo de Sankt Gallen, a pesar de que el poema no figura en ningún códice de su biblioteca, porque otro Ekkehard (IV) (980-1057) decía en sus anales de la institución (*Casus S. Galli*, cap. 80) haber corregido el estilo y la métrica de la *Vita Waltharii manu fortis* del joven Ekkehard I. Esta obra, en realidad, debió haber sido un ejercicio de aprendizaje realizado tras la lectura del *Waltharius*, del que parece que había una copia en el monasterio porque se inspiró en ella cuando esribió su *Vita II sanctae Wiboradae*[14]. Complicó el problema la aparición de una hoja suelta donde Geraldus, maestro del primer Ekkehard, afirmaba la paternidad del *Waltharius* y dedicaba el poema al obispo Ercambaldo[15]. En la actualidad parece tener gran peso la tesis de Strecker, quien, a partir del lenguaje y estilo, y tras establecer paralelos con los *Carmina* de Teodulfo de Orleans (71, 3) y de Alcuino de York (1, 14) —figuras notorias de la escuela cortesana de

[12] *Lateinische Gedichte des X. und XI. Jahrhunderts*, Gotinga, 1838.

[13] Schaller (1981) cree que la discusión sobre la autoría del *Waltharius* ha llegado a un punto en el que será difícil progresar. Conclusión idéntica a la que se llegó en el «Kolloquium über den *Waltharius*», celebrado en el «Institut für Lateinische und Romanische Philologie des Mittelalters» de la Universidad de Gotinga, el 1 y 2 de febrero de 1985.

[14] Cf. W. Berschin, «Literatura latina en Sankt Gallen» en W. Vogler (ed.), *La cultura de la abadía de Sankt Gallen*, Madrid, Encuentro, 1992, pág. 156.

[15] *MGH, Poet. Lat. Medii Aevi*, V, I y II, págs. 405-408. Los posibles obispos con este nombre son el de Eichstatt (882-912) y el arzobispo de Maguncia (1011-1021), pero sólo el primero pudo ser contemporáneo de Geraldo.

Carlomagno—, considera el poema anónimo, desvinculado de Sankt Gallen y datable de comienzos del s. IX. Con ello se aproxima a Dieter Schaller[16], que atribuye su posible autoría a Grimaldus, quien desempeñó paralelamente tareas de capellán (848 a 870) de Luis el Germánico y abad del monasterio (841 a 872). Como fue entonces cuando la abadía se adscribió totalmente a la estrategia política de los carolingios[17], Önnefors[18] admite la posibilidad de que fuera él mismo quien llevara allí un texto cortesano y tan inadecuado para la formación de los monjes[19]. La vinculación del poema con la *renovatio* carolingia estaría justificada por el interés imperial hacia los *barbara et antiquissima carmina*, según confirma Eginhard en la *Vie de Charlemagne* (XXIX), hasta el punto de que se pusieron por escrito para que fueran recordados. Por desgracia, la pérdida de la compilación, a excepción de un fragmento del *Hildebrandslied*, nos imposibilita saber si en ella se encontraba incluído el *Waltharius* original; aunque permita sospecharlo el hecho de que el protagonista de la versión latina encarnara el modelo de noble, laico, guerrero y casado que se intentaba difundir a través de la literatura de los *specula*[20]. De este modo, la primitiva historia oral germánica, refundida con un nuevo tono moralizador, lograba la necesaria y atractiva actualidad y, de paso, se enfatizaban valores de moda como la *fides/fiducia* prefeudal, la particular vinculación de la dinastía carolingia con la nobleza aquitana, la exaltación de los nobles y antiguos orígenes troyanos de

[16] «Ist der *Waltharius* frühkarolingisch?», *Mittellateinisches Jahrbuch* 18 (1983), 63-83.

[17] Aunque desde Pipino el Breve (751-768) los monjes de Sankt Gallen venían gozando del favor de los reyes carolingios, que se habían hermanado con ellos en el círculo escogido de *fratres conscripti* a cambio de sus oraciones.

[18] A. Önnefors, *Die Verfasserschaft des Waltharius-Epos aus sprachlicher Sicht*, Opladen, 1979.

[19] Caso parecido en la Italia lombarda fue el de Paulo Diácono, que escribió la *Historia Langobardorum* antes de profesar en Montecasino.

[20] P. Tourbet, «La théorie du mariage chez les moralistes carolingiens», *Il matrimonio nella società altomedievale, Settimana di Studio di Spoleto 1976*, 1977, págs. 248 y sigs.

los merovingios y su nulidad actual para el ejercicio del gobierno[21], lo que legitimaba la asunción del poder de los carolingios sin solución de continuidad entre ambas dinastías[22]. De otra parte, el hecho de que los dos manuscritos más antiguos que se conservan del poema (de Lorsch y de Fleury-sur-Loire) se daten en época carolingia, corroboran la suposición de que *Waltharius* saliera de uno de sus *scriptoria*. Peter Dronke, validando la hoja suelta a que hemos hecho referencia, piensa en Geraldus como autor más probable y llega a precisar su redacción en fecha anterior al 827[23]. Además cierto Erkambaldo fue *notarius* o canciller de Carlomagno entre 797 y 812, por lo que el redactor podría haber sido un Geraldus que, estando a su servicio, en 801 acompañó al Emperador a Italia[24] al encuentro de la legación de Harum al-Raschid. Como Erkambaldo fue también funcionario en Aquitania durante la regencia de Luis el Piadoso, hijo de Carlomagno, ello explicaría los esfuerzos del poema por destacar los valores de su nobleza.

Es normal que se utilizara el latín como vehículo de expresión para adaptar la vieja leyenda germana, por ser la única lengua con la que se podía escribir al estilo clásico y obtener fama. Pero, para poderse aproximar al habla cotidiana, el autor tuvo que salpicarla de vulgarismos sin paralelo en los documentos oficiales de la época[25], que contrastan con los numerosos préstamos tomados de Virgilio (*Eneida*), Estacio

[21] Manifiesta en la evolución negativa que sufre la figura del rey Guntario, un *caecus, demens, tremens stupidusque*.

[22] Cf. G. Duby, *Il Medioevo da Hugo Capeto a Giovanna d'Arco 987-1470*, Bari, 1993, págs. 289-293. El pretendido ennoblecimiento de los merovingios remontando sus orígenes a los troyanos, que narra Fredegario, se encuentra también en la *Historia Regum Britanniae* (1135), donde Godofredo de Monmouth atribuye a Arturo y a su pueblo descendencia directa de Eneas.

[23] P. Dronke, *Barbara et antiquissima carmina*, Barcelona, 1977, pág. 73.

[24] Cf. *Annales Regni Francorum*, años 801-802.

[25] Era una *mixta latina lingua*, en expresión de San Isidoro (*Etym.*, I, 32, 1), a medio camino entre el latín imperial y la *rustica romana lingua* o romance.

(*Tebaida*) y Prudencio (*Psychomachia*)[26], que se emplearon como garantía de *auctoritas*. De todo ello resultó un poema que alcanzó gran popularidad en la Edad Media y del que se hicieron numerosas copias manuscritas.

Las abundantes huellas de valores tradicionales germánicos que se conservan en *Waltharius* ofrecen la posibilidad de retomar el tema de la autoría, o al menos el entorno, de la primitiva saga oral germánica; pese a que dichos valores aparezcan combinados, en ocasiones con dificultad, con otros cristianos producto de su transformación posterior, que se presentan matizados por un áspero humor cargado de ironía[27]. Resulta de ello la coexistencia en el poema de dos mundos distintos. De un lado el pagano, previo a la conversión, donde se exaltan el honor, la lealtad y fidelidad al jefe, la valentía y el espíritu guerrero, el afán de posesión de riquezas y de fama inmortal aún a costa de la propia vida, el *Gefolge* (la comitiva militar) y los vínculos entre sus miembros, la venganza de sangre a las ofensas cometidas contra aquélla y la familia, y el odio mortal a los enemigos. Y, de otro, el cristiano, que enfatiza el amor por ellos, la humildad, la paz y la pobreza. Las evidentes contradicciones entre ambos obligaron al autor de *Waltharius* a adoptar del germánico sólo los valores que se adecuaban a su pensamiento —como la fidelidad—, y a transformar radicalmente los otros. En consecuencia, los protagonistas aparecen caracterizados con ciertos rasgos definitorios de los grandes dioses del panteón germánico (Wotan, Tîwaz...) aunque, al mismo tiempo y contradictoriamente, invocan a Dios, pronuncian largos monólogos y critican la avaricia —origen de la permanente insatisfacción humana y de todos los males (vv. 857-864)—, cuando el acaparamiento de botín era uno de los móviles del guerrero germano. Además, el narrador in-

[26] Además del uso más esporádico de Ovidio, Lucano, Juvenco, Boecio, Fortunato, Sedulio y Arator, todas ellas lecturas accesibles en la biblioteca de la abadía.

[27] Cf. D. M. Kratz, *Mocking epic. Waltharius, Alexandreis and the problem of Christian heroism*, Madrid, Porrúa, 1980.

cluye ejemplificadoras moralejas satíricas en contra de la búsqueda de la fama, opuestas por completo al espíritu que debió de animar la primitiva composición.

Las ubicaciones geográfica y cronológica que abren el *Waltharius*, y la referencia expresa a tres reyes germánicos (uno franco, otro burgundio y un enigmático rey de Aquitania que, probablemente, en la versión oral sería godo), inducen a pensar que tuvo que ser compuesto en fechas próximas a la liquidación del Imperio de Occidente (476), cuando en los reinos germánicos que se formaron sobre su solar se inició la legitimación de sus respectivas dinastías por el procedimiento de conferirles antigüedad, fama y orígenes nobles. Los intelectuales que se encargaron de confeccionar los *Origines gentium*[28], utilizaron como fuente de información antiguos cantos y leyendas orales como base histórica mínima que, transferida al orden mítico, configuraba el marco narrativo atemporal válido para centrar la atención y la emoción, y para poder explicar temas oscuros o de difícil justificación.

Fischer, primer editor del *Waltharius*, dató el poema germánico en el s. VI y atribuyó a su compositor origen irlandés[29]. En nuestra opinión tal fecha podría confirmarla el estudio de las instituciones germánicas que en él aparecen, así como el enfrentamiento entre Valtario y los burgundios que narra el *Waldere*[30], claro antecesor del *Waltharius*, al fijar

[28] Casiodoro y Jordanes lo hicieron con los godos, Gregorio de Tours y Fredegario con los francos, Paulo Diácono con los lombardos, y Beda con los sajones.

[29] P. Dronke, *Barbara et antiquissima carmina*, *op. cit.*, pág. 68. Los mismos irlandeses podían haber sido sus difusores por el continente en época carolingia. Ekkehard IV cuenta en su *Casus Sancti Galli*, que había muchos emigrantes y viajeros irlandeses, muy bien informados en el saber divino y humano, lo que completa la información que da Notker en su *Gesta Karoli*, al referir que ofrecían su sabiduría en los mercados y conventos, incluso con pesada insistencia.

[30] Versión anglosajona del *Walther de Aquitania* del s. VIII, en lengua popular, que nos ha llegado muy fragmentada. Recoge la historia de Wálder, un guerrero de Atila que, armado de una espada que perteneció en otro tiempo a Teodorico, se enfrenta al rey burgundio

un momento anterior al 534, que fue cuando éstos perdieron temporalmente su identidad nacional por la conquista franca. Pero el medio en cuyo seno nació parece apuntar en otra dirección.

El ostrogodo Teodorico (493-526) concibió un ambicioso proyecto político en el que destacó su pretensión de ser receptor de la misión imperial y árbitro del destino de Occidente, y reunificador bajo su único mando de toda la *gens Gothorum*. Para ello tuvo que desplazar de la escena política a los godos de *Tolosa* y conseguir que públicamente fuera reconocida la menor nobleza de sus reyes con respecto a su familia de los Amalos[31]. Esta quedó ennoblecida y legitimada al ser descendiente directa e ininterrumpidamente de uno de los grandes dioses del panteón germánico[32], y de Ermanarico, rey de los godos en la segunda mitad del s. IV, cuyos hechos famosos habían merecido la atención del gran historiador romano Amiano Marcelino. Teodorico potenció en su Corte italiana la difusión de ciertas sagas, en especial aquéllas relacionadas con Ermanarico —cuya figura manipuló para ennoblecerla dado su interés por emparentar con él y hacerle «el más noble de los Amalos (...) parangonable con Alejandro» (*Get.*, XXIII, 116)—. De igual éxito gozaron la saga de *Teodorico de Verona*, conservada en la versión alto alemana *Dietrichs Flucht* (la huida de Teodorico), y *La batalla de los*

Günter y a su comitiva, en presencia de una mujer, tal vez la hija del monarca, quien anima valientemente al héroe a que no desfallezca en la batalla.

[31] El visigodo Alarico II, yerno de Teodorico, llamó a su primogénito Amalarico, reconociendo con ello la superioridad de la familia de su esposa (cf. A. M.ª Jiménez Garnica, «El papel de la épica en la confección de la dinastía goda de Tolosa: una hipótesis», *Antiquité Tardive* 3 [1995], 159-165).

[32] Todo lo cual fue recogido entre 530-531 por el prestigioso senador romano Casiodoro en su *Historia Gothica*, hoy perdida y conservada sólo parcialmente en los *Getica* de Jordanes (*MGH*, aa, V, 1, 53-138), que escribió a mediados del s. VI en Constantinopla. En ellos se había pretendido demostrar una línea sin ruptura desde Ermanarico a Teodorico el Grande, así como la doble filiación amala, por vía materna y paterna, de Atalarico, su nieto y sucesor.

godos y los hunos (*Das Hunnenschlachtlied* o *lay de Angantyr*)[33], que pudo ser compuesta para recordar la independencia obtenida por los tres hermanos amalos Teodomiro, Valamiro y Vitimiro —padre y tíos de Teodorico respectivamente— quienes, en el año 454, rompieron su tradicional fidelidad con los hunos y se adueñaron de su antigua región, Panonia[34]. En todas ellas es recurrente el tema del matrimonio entre hunos y godos, que vuelve a aparecer en *Waltharius*, así como un sentimiento de concordia y admiración hacia aquéllos, que se repite en el v. 57 de nuestro poema («pueblo valiente, superior a los demás en coraje y destreza en el uso de las armas») y en el *Waldere*.

La tradición épica germánica recuerda a un sólo héroe entre los tervingios antecesores de los visigodos en el poema de *Widsith*. Fue Vidigoia, «el más bravo entre los godos» (*Get.*, V, 43 y XXXIV, 178), que vivió en el siglo IV, y cuyo nombre tiene el doble significado de «hombre de la zona boscosa» y «lobo ladrador del bosque» (apelativo que recibe Valtario en el poema). En los *Getica* (V y XXIX) se recuerda que la familia real de *Tolosa* descendía de un tal Baltha, epónimo de la dinastía de los Balthos[35], «a quienes los suyos llamaron así por su valor e intrepidez», pero no se conoce ninguna saga que recuerde a este personaje. Por otro lado, es poco probable que los visigodos conservaran largo tiempo la

[33] Para A. Heusler y W. Ranisch (*Eddica minora*, Dortmund, 1903), este *lay* habría permanecido más próximo al poema épico heroico del período de la migración que cualquier otro. Se trata de la parte más antigua de la *Hervarasaga* islandesa, y se recoge también en la obra de Saxo Grammaticus (s. XIII) y en el poema anglosajón de *Wídsith*, de la segunda mitad del s. VII (vv. 119-122).

[34] Esta es una antigua tesis mantenida en la actualidad por J. O. Maenchen-Helfen (*The World of the Huns*, págs. 152-156), contradiciendo a W. Heinzel («Über die Hervarasaga», *S.B.Wien* 114 (1887), 415-519, cit. por Maenchen-Helfen, *op. cit.*, pág. 154) quien veía un trasunto de la derrota de Atila en 451, a cuyo lado combatieron los tres Amalos.

[35] De quienes curiosamente no existe ninguna otra referencia contemporánea como tal familia, aunque tradicionalmente la historiografía haya aceptado que los monarcas visigodos que gobernaron en la *Gallia* e *Hispania* hasta 531 pertenecían a ella.

costumbre de componer y cantar sagas. Sabemos que lo hicieron a la muerte de Teodorico I, tras enfrentarse y vencer a Atila en los Campos Cataláunicos (año 451) (*Get.*, XLI, 214), y tenemos otra vaga información de comienzos del siglo VII en las *Institutionum disciplinae*, donde se recomienda a los jóvenes nobles cantar con su voz y la cítara «los cantos de los antepasados por medio de los cuales los oyentes se sienten estimulados a la gloria». Pero esta práctica la pudieron traer a *Hispania* los nobles ostrogodos durante el período de regencia de Teodorico el Grande (510-526) precisamente para recordar su supremacía.

Los *Getica* recogen también la historia del ostrogodo Berimudo, que huyó de Panonia a la llegada de los hunos porque rehusó someterse y, junto con su hijo, buscó refugio en el reino de *Tolosa* (c. 427). Su figura e historia tienen llamativos paralelos con la de Valtario. En Panonia gobierna Atila cuando se producen sus respectivas huidas; la duración de sus viajes incluye la simbólica cifra de cuarenta (cuarenta días el de Valtario hasta cruzar el umbral del Rin, y a los cuarenta años de la muerte de su padre el de Berimudo), que la versión carolingia transformó en período penitencial ocultando con ello el verdadero propósito de resumir la etapa migratoria de cuarenta años de los visigodos (376-416); y, finalmente, ambos concluyeron con la llegada a Aquitania. Por otra parte, mientras que el autor del *Waltharius* ignoraba el entorno geográfico de la patria del héroe y dio como única referencia que Aquitania estaba al Occidente de Burgundia, fue prolijo en la descripción del palacio de Atila, de lo que se infiere que, o bien había leído al embajador bizantino Prisco, con cuyo fragmento 8 coincide[36], o conocía personalmente el lugar, lo que hubiera podido ser factible de haber formado parte de la familia de los Amalos.

[36] Prisco de Panión fue embajador en la corte de Atila en el año 448. Los fragmentos pertenecen a la perdida *Historia Bizantina*, donde cubrió el período 433-468. Cf. C. Müller, *Fragmenta Historic. Graec.*, 4, 1. 9, 1885, especialmente la pág. 85, donde se describen las *Attilae aedes* entre las que destacaba su *regia* o habitación privada.

Por tanto, si bien el tema de la saga pudo hacer referencia a los visigodos del reino de *Tolosa*, no parece probable que éstos pudieran ser sus autores, ya que, debido a su temprana romanización, obligada por la vida militar al servicio de Roma, probablemente perderían en fecha temprana la costumbre de entonar cantos épicos. Sin embargo, habida cuenta de las numerosas huellas ostrogodas que parecen rastrearse en el poema, parece razonable vincular a los ostrogodos el *Canto de Walter de Aquitania,* como composición hecha *ex profeso* para restaurar los antecedentes mítico-heroicos de la familia real de *Tolosa* a partir de un antiguo canto tervingio de exaltación a un héroe, que, desde muy temprano, sufrió interferencias con la saga de Hilde. Se le añadieron los episodios de la liberación de la dependencia de los hunos, y la esforzada y memorable etapa de la migración y asentamiento en Aquitania, donde los tervingios-godos superaron las antiguas estructuras tribales y entraron en la Historia del Imperio. Todo ello, personificado en su fundador mítico y resumido en el único *tempo* histórico del gobierno de Atila, cuando los Amalos cimentaban su prestigio. El propósito sería insistir en la identidad de toda la *gens Gothorum*[37] para justificar la reunificación política de ostrogodos y visigodos.

Con el paso de los años la historia oral de Valtario tuvo extraordinaria capacidad de adaptación, y renació en Aquitania y sus alrededores aplicada a otros personajes históricos cuyas hazañas les merecieron la consideración de héroes a los ojos de los contemporáneos. Tales fueron los casos del duque Waïofario de Aquitania y del hispano-mozárabe Bahlul. La historia del primero y de su rebelión independentista contra Pipino III en el año 766 la recoge el Pseudo-Fredegario en la *Continuatio* a la *Chronica Francorum* (*MGH,* Ser. Rer. Merov., 41), y su celebridad hizo de él un personaje de la epopeya francesa generador del ciclo Waïfre-

[37] De manera que Teodorico pudiera asumir la regencia de su nieto Amalarico (año 507), por encima de la decisión de la nobleza visigoda que había nombrado rey a un bastardo de Alarico II.

Gaifier de Bordeles. Para Michel Rouche[38] el rey Valtario y el «Aquitanico principe» (*Cont.*, 41, año 766) son la misma persona aunque, según los datos comentados sobre el hipotético autor del *Waltharius*, parece más probable que la figura del duque Waïofario/Waïfre de Aquitania se hubiera confundido en la zona con la del Valtario de la antigua gesta germánica antes de que en la corte carolingia se pusiera por escrito. De este modo, un mismo poema habría servido para evocar a dos personajes diferentes a quienes la casualidad confirió onomásticos parecidos, un origen común aquitano, un mismo territorio soberano y a los francos como enemigo de ambos.

La historicidad de Bahlul está confirmada por las crónicas francas y cordobesas. Su personaje inspiró una leyenda a Al-Udrí, que quedó recogida en una *archuza*. José Fradejas[39] encontró afinidades entre su argumento y el de *Waltharius*, y, como en el *Biterolf*[40] alto-alemán (s. XIII) se rastreaban también elementos comunes de las dos, consideró la *archuza* uno de los eslabones del *Waltharius*. Bahlul fue entregado de niño como rehén al walí de Huesca, y allí se inició a la vida adulta y amorosa de mano de una esclava del harén con quien proyectó y realizó un plan de fuga. Tras enfrentarse a los Banu-Salami para concluir la misión vengadora para la que había sido predestinado, terminó acorralado y vencido por sus enemigos, siéndolo en la realidad histórica por el ejército de Alhakam en 802. Para Fradejas se trata de un relato indígena del Alto Aragón que pudo inspirar otros de Provenza y Aquitania, y que dio lugar en su difusión al poema de *Waltharius de Aquitania*, aunque él no asegura la

[38] *L'Aquitaine des Wisigoths aux Arabes, 418-507. Naissance d'une région*, París, 1979, pág. 526, n. 110.

[39] «Bahlul y Walter de España», *Archivo de Filología Aragonesa* 30, 173-204 y 31, 7-31.

[40] Biterolf era un rey de Toledo (en el *Nibelungenlied* el héroe también es español) que abandonó familia y corte para ir a la de Atila (Etzel) en busca de aventuras. Años después su hijo Dietleil fue a su encuentro y, en el camino, cuando atravesaba tierras de Renania, se enfrentó con los burgundios del rey Gúnter, a quien acompañaba Hagen. A Hildegunda se le atribuye en este poema origen aragonés.

dependencia estructural de éste con respecto a aquél, porque las concomitancias entre ambos se refieren a temas que son también comunes a la literatura oral y al folklore. En realidad, parece más bien que se trate de historias diferentes, difundidas por vía oral en momentos y zonas próximas, en una época en que los grandes reinos tendían a atomizarse en pequeños estados independientes.

3. LOS PERSONAJES

Bajo el aparente carácter profano de *Waltharius*, la atención se centra en el héroe y su conflictivo proceso interno de espiritualidad, lo que es rasgo común de la épica germánica y causa de su específico carácter trágico y fatalista que, con el tiempo, tendió a suavizarse mediante la inclusión de escenas de la vida cotidiana. Se exaltan en él las cualidades del arquetipo masculino del guerrero fuerte que, gracias a la confianza en sí mismo y en su fortaleza, se muestra siempre dispuesto a hacer pública su agresividad viril física y jurídica, a la que queda supeditada la mujer como componente débil de la sociedad. Como Valtario no es real, resulta inútil buscarle identidad histórica, pero los rasgos divinos que lo perfilan orientan su búsqueda por el campo mítico-heroico.

Valtario, como héroe, se rige por la ley del deber y no titubea frente a una muerte que le otorgará fama inmortal. Para regresar a su patria, tiene que superar una serie de disciplinas psicológicas y físicas que le posibilitarán renacer como hombre y le capacitarán como futuro monarca[41]. Además, parece reunir en su persona una síntesis trifuncional. La función soberana, que ejerce como rey (o como futuro rey), le permite ejercer violencia sobre los suplicantes

[41] Cf. F. Campbell, *El héroe de las mil caras. Psicoanálisis del mito*, México, 1993 (4.ª reimpr.).

—asociado al caballo, animal de la soberanía— y desarrollar actividades mágicas y jurídico-religiosas. Por la militar, es guerrero invencible, de lo que él mismo está convencido al tener a Fortuna de su parte, pero también lo está su antiguo amigo Haganón quien, durante un sueño premonitorio donde se le revela su naturaleza invencible, lo relaciona con un oso[42]. La tercera función queda expresada en su preocupación por obtener el sustento[43], en la opulencia que le proporciona poseer un tesoro, y en su presumible futura unión fecunda con Hildegunda. Asimismo, los restantes guerreros francos dudan de su esencia terrenal al llamarle *invicto, fantasma, faunus*, y compararle con un pájaro y una serpiente. Si Valtario encarnaba la idea de monarquía con ascendientes divinos, tales signos sobrenaturales enfatizaban aún más su carácter rector.

Parece que los germanos ejecutaban determinados gestos rituales a las divinidades funcionales tras concluir una batalla victoriosa[44]. Valtario cumple con ellos; al dios de la función soberana le ofrece caballos (a los que reúne y ata cuando era improbable que huyeran por una salida cegada); al de la función guerrera, los cuerpos recompuestos de sus enemigos muertos valientemente como *einherjar*, los combatientes de Odín por excelencia; finalmente, para la divinidad de la tercera función

[42] El furor y la piel que cubría al guerrero exteriorizaban su alma de naturaleza animal. Sabemos por el tardío Snorri que Odín/Wotan lideraba una comitiva de guerreros sanguinarios *berserkir* («con piel de oso») y *úlfherdnar* («con piel de lobo»), creencia de la que posiblemente participarían los germanos según se deduce de las representaciones zoomorfas que aparecen sobre sus objetos de uso personal (G. Dumézil, *Heur et malheur du guerrier. Aspects mythiques de la fonction guerrière chez les Indo-Européens*, París, 1985, págs. 207-209).

[43] No lo hace gracias a la fecundidad de la tierra, como es frecuente en el tercer nivel, sino a través de la caza y la pesca. Esta última era propia de monjes y mujeres, pero no de hombres de armas (M. Rouche, *Histoire de la vie privée. De l'empire romain à l'an mil*, vol. I, *Haut Moyen Âge Occidental*, París, Seuil, pág. 473), si bien el pescado era alimento de laicos en los períodos eclesiales de penitencia.

[44] Cf. Tácito, *Anales*, 1, 61; Orosio, *Historiae Adversus Paganos*, 5, 16; Procopio, *De bello Gothico*, II, 25; Jordanes, *Getica*, V, 41-42.

serían los metales preciosos obtenidos del botín. Todo un ceremonial que la versión cristiana carolingia posiblemente intentó enmascarar transformando la Walhalla por el Cielo en la oración con la que Valtario pedía reunirse con sus oponentes.

Por dos veces es calificado como *tyrannus*, un apelativo que, al no ser aún rey, parece no tener sentido traducir como usurpador. Si bien lo hacen precisamente así los que defienden la tesis de que el protagonista fue el duque rebelde Waïofario de Aquitania[45] (año 766), idea que quedaría reforzada al serle amputada la diestra y por la *decalvatio* parcial que sufre. No obstante, no debemos olvidar que la primera lesión también pudo proceder de la versión original, como un rasgo más que asocia a Valtario con el manco dios Tîwaz.

Las contradicciones producidas al adaptar las cualidades de la praxis cristiana sobre los rasgos teocráticos paganos han llevado a cuestionar si Valtario realmente personificaba al modelo de *miles christianus*[46], o si el propósito del poema fue hacer burla del personaje. A mi entender es paradigma del caballero cristiano, con el que la Iglesia carolingia pretendió liquidar el parentesco germánico y las vengativas consecuencias que de él se derivaban, y condenar la acción independentista aquitana sin menoscabo del valor de sus duques.

Haganón[47], por el contrario, simboliza el pasado franco pagano por su rancio origen (Sicambro, v. 1435) que se remonta a Troya (v. 29)[48], y por su sentido del cumplimiento de la venganza familiar y de la del *Gefolge*, elemento jurídico

[45] M. Rouche, *L'Aquitaine, des Wisigoths aux Arabes, 418-781*, París, 1979, págs. 127-128. Sin embargo P. Dronke (*Barbara et antiquissima carmina, op. cit.*) considera posible que su figura se hubiera fusionado o confundido en la región con la del antiguo Walter.

[46] Cf. D. M. Kratz, *Mocking epic... op. cit.* y V. Ernst, «Walther, ein christlicher Held?», *Mittellateinisches Jahrbuch* 21 (1986), 77.

[47] Antropónimo que significa «arbusto espinoso» (alto alemán). Valtario le califica así dos veces al llamarle *paliurus* (v. 1351) y *spinosus* (v. 1421).

[48] La obra hagiográfica y genealógica carolina de entre los siglos VIII y X pretendía demostrar su origen troyano (cf. M. T. Fattori, «I santi antenati carolingi fra mito e historia: agiografie e genealogie come strumento di potere dinastico» *Studi medievali*, fasc. 2 (1993), 487-490).

germánico que le lleva a romper su amistad con Valtario. Su perfil responde también al del héroe indoeuropeo (tiene gran fortaleza, enorme poder con la palabra y comete transgresiones contra las funciones sintetizadas en Valtario); y, al mismo tiempo, su humana y compleja personalidad le permite encarnar virtudes tan cristianas como el desprecio por la avaricia.

Su enfrentamiento inicial con el rey materializa el conflicto de mentalidades y la resistencia de la sociedad germánica a que sus usos fueran sustituidos por una ley escrita de tradición romano-cristiana, pero su reconciliación sirve para presentar y ensalzar las nuevas relaciones surgidas entre el rey y sus vasallos, sostenidas sobre la fidelidad y obediencia juradas a aquél, y antepuestas a cualquier otro vínculo de amistad, pertenencia a una comitiva o a una familia. El hecho de que combata asociado a Guntario, resultando uno tuerto y otro cojo, remite a las lesiones sufridas por Mucio Escévola, sin que resulte fácil saber si la presencia de un tuerto y un manco pertenece a la memoria mitológica del autor germánico (Odín y Tîwaz), o a la formación clásica del carolingio (Cocles y Escévola). Finalmente, sería otro añadido más cristiano el final incomprensible del *Waltharius*, donde no muere ninguno de los tres contendientes. Con él, y recordando a Ezequiel (33, 11), se habría pretendido demostrar que, si bien los pecados de codicia, venganza y ansia de fama no habían sido erradicados, sí habían sido castigados por ellos los pecadores.

Los dos radicales del nombre de la protagonista femenina, *hildi* «lucha» y *gundia* «batalla», hacen referencia al carácter valiente de las mujeres germánicas, conocedoras del trágico desenlace de un enfrentamiento entre guerreros. Paradójicamente, Hildegunda no lo posee, probablemente a causa de la refacción carolingia de su personaje, al preferir describirla sumisa, miedosa y sometida al varón[49], según el ideal recogido por San Isidoro (*Etym.*, XI, 2, 18-19). La historia de su adolescencia fuera de la casa paterna procede de otra saga que evolucionó

[49] Cf. M. Lührs, «Hiltgunt», *Mittellateinisches Jahrbuch* 21 (1986), 84-87.

en el ciclo de Hilde y su hija Gudrún, que quedó recogido en las *Edda* y los *Gesta Dannorum* de Saxo Gramático.

Como en el poema se la denomina reiteradamente *virgo*, tradicionalmente se ha aceptado que conservó el estado virginal hasta su boda pública en Aquitania con Valtario, con la que concluyó la *desposatio* que, siendo niños, habían realizado sus padres. Pero, en mi opinión, Hildegunda arrastra trágicamente su situación de concubina, o esposa de segundo rango, de Atila, lo que le permite acceder al dormitorio y al tesoro, y compartir mesa con él pese a no ser la reina. Esa situación es la que le hace dudar de las rectas intenciones matrimoniales propuestas por Valtario en sincronía con el plan de fuga, puesto que la ley de Burgundia, su país natal, permitía al marido romper su compromiso si la mujer había cometido adulterio (*Lex Burg.*, XXXIV, 3). Además, en la mentalidad germánica, una esposa mancillada no garantizaba la pureza del linaje del marido. Por tanto, es probable que en el perdón del héroe, en una escena evocadora de la de Cristo y la Samaritana (Juan, 4 y sigs.), se filtre, una vez más, el pensamiento cristiano; si bien, en un análisis funcional como el propuesto, cabe para Hildegunda idéntica posibilidad a la que ofrecen ciertos relatos indo-iranios, en los que las mujeres relacionadas con la realeza tienen el privilegio de recuperar la virginidad. Sea como fuere, Hildegunda concluye el relato actuando como virgen Valquiria (*Valkyrjor*) y atendiendo solícita la comida de Valtario y Haganón, símil de los festines que interrumpían el duelo librado constantemente por los héroes en espera de la batalla del fin del mundo.

BIBLIOGRAFÍA

A. Bisanti, «Un deccenio di studi sul *Waltharius*», *Schede Medievali*, Palermo, 2 (1986), 345-363.

C. J. Classen, «Beobachtungen zum *Waltharius*: Die gegen Walter gerichteten Scheltreden», *Mittellateinisches Jahrbuch* 21 (1986), 75-78.

P. Dronke, «Waltharius-Gaiferos», en U. y P. Dronke (eds.), *Barbara et antiquissima carmina*, Barcelona, Univ. Autónoma, 1977, págs. 29-65.

—, «*Waltharius* and the Vita Waltharii», *Beiträge zur Geschichte der Deutschen Sprache und Literatur* 106 (1984), 390-402.

U. Ernst, «Walther —ein christlicher Held?», *Mittellateinisches Jahrbuch* 21 (1986), 79-83.

J. Fradejas Lebrero, «La Archuza de Bahlul y el *Waltharius*», *Essor et Fortune de la Chanson de Geste dans l'Europe et l'Orient Latin. Actes du Xe Congrès International de la Société Rencesvals pour l' étude des Epopées Romanes, Padova-Venise, 29 août-4 septembre 1982*, I, Módena, Mucchi, 1984, 291-295.

L. Frey, «Comitatus as a Rethorical-Structural Norm for Two Germanic Epics», *Recovering Literature: A Journal of Contextualist Criticism* 14 (1986), 51-70.

S. Gäbe, «Gefolgschaft und Blutrache im *Waltharius*», *Mittellateinisches Jahrbuch* 21 (1986), 91-94.

M. Heintze, «Gualter del Hum im *Rolandlied*. Zur Romanisierung der Walter-Sage», *Mittellateinisches Jahrbuch* 21 (1986), 95-100.

M. Kratz, «Quid Waltharius Ruodliebque cum Christo?» en H. Scholler (ed.), *The Epic Medieval Society. Aesthetic and Moral Values*, Tubinga, Niemeyer, 1977, 126-149.

—, *Mocking epic. Waltharius, Alexandreis and the problem of Christian heroism*, Madrid, José Porrúa, 1980.

K. Langosch, *Waltharius: Die Dichtung und die Forschung*, Darmstadt, WB, 1973 (Erträge der Forschung, 21).

M. Lührs, «Hiltgunt», *Mittellateinisches Jahrbuch* 21 (1986), 84-87.

R. Menéndez Pidal, *Poesía juglaresca y orígenes de las literaturas románicas*, Madrid, Instituto de Estudios Políticos, 1957.

—, «Los Godos y el origen de la epopeya española», en *I Goti in Occidente. Settimana di Spoleto 1955*, III, Spoleto, 1956, págs. 285-322.

—, *Romancero hispánico*, I, Madrid, Espasa-Calpe, 1968.

V. Millet, *Waltharius-Gaiferos. Über den Ursprung der Walthersage und ihre Beziehung zur Romanze von Gaiferos und zur Ballade von Escriveta*, Francfort, Peter Lang, 1992.

A. Önnefors, *Das Waltharius-Epos. Probleme und Hypothesen*, Estocolmo, Almqvist & Wiksell, 1988 (Scripta minora Regiae Societatis Humaniorum Litterarum Ludensis, 1987/88, 1).

W. Regeniter, *Sagenschichtung und Sagenmischung. Untersuchungen zu Hagengestalt und zur Geschichte der Hilde und Waltersage*, Munich, 1971.

E. von Richthofen, *Nuevos estudios épicos medievales*, Madrid, Gredos, 1970.

D. Schaller, «Fröhliche Wissenschaft vom *Waltharius*», *Mittellateinisches Jahrbuch* 16 (1981), 54-62.

B. Scherello, «Die Darstellung Gunthers im *Waltharius*», *Mittellateinisches Jahrbuch* 21 (1986), 88-90.

B. Schütte, «Länder und Völker im *Waltharius*», *Mittellateinisches Jahrbuch* 21 (1986), 70-74.

H. Vynckier, «Misogamy and Pseudo-Misogamy in *Waltharius* 123-169», *Germanic Notes* 16 (1985), 57-60.

H. J. Westra, «A Reinterpretation of *Waltharius* 215-259», *Mittellateinisches Jahrbuch* 15 (1980), 51-56.

M. Wilmotte, «La patrie du *Waltharius*», *Revue Historique* 127 (1918), 1-30.

TRADUCCIONES

Existen dos versiones alemanas. Una llevada a cabo por Felix Genzmer (Stuttgart, Reclam, 1966) y otra por Walter Haug y Benedikt Konrad Vollman (Francfort, Deutscher Klassiker Verlag, 1991). Y una italiana de Quinto Santoli (Milán, All'Insegna del Pesce d'Oro, 1973). En español, la primera y única versión se debe a Luis Alberto de Cuenca (Madrid, Siruela, 1987, Premio Nacional de Traducción), que ahora se ofrece revisada.

SIGLAS Y ABREVIATURAS

Etym. = San Isidoro, *Etimologías* (ed. y trad. de José Oroz Reta y Manuel Díaz y Díaz) Madrid, B.A.C., 1982, 2 vols.

Get. = Jordanes, *Getica* (ed. Theodor Mommsen), *MGH,* Auctores antiquissimi, 5, 1: 1 y ss., 1882.

H.L.= Paulo Diácono, *Historia Langobardorum* (ed. L. Bethmann y G. Waitz), *MGH,* Script. rer. Lang. et Ital., 1878.

Jn.= *Evangelio según San Juan*, Madrid, B.A.C. 1965.

Lex Burg.= *Leges Burgundionum* (ed. Ludwig Rudolf Salis), *MGH,* Legum sectio 1.2.1, Hannover, 1892.

L.V.= *Leges Visigothorum* (ed. K. Zeumer), *MGH,* Legum sectio 1.1, Hannover, 1902.

MGH= *Monumenta Germaniae Historica.*

CRONOLOGÍA

376	La presión de los hunos sobre las tribus godas obliga a algunas a cruzar el Danubio y entrar en el Imperio Romano. Ermanarico no es capaz de resistir su empuje y se da muerte.
410	Muere Prudencio, autor de la *Psychomachia*.
416-18	El gobierno Imperial de Occidente asienta a los visigodos como soldados en *Aquitania I* y *II* y *Narbonensis I*. Eligen *Tolosa* como sede.
418	Teodorico I es elegido rey de los visigodos. Miembros de su familia gobiernan ininterrumpidamente hasta 510.
427	El ostrogodo Berimudo y su hijo Viterico se refugian en *Tolosa* huyendo de los hunos.
451	Teodorico I y el patricio y general romano Aecio vencen a Atila en los Campos Catalaúnicos. Teodorico I pierde la vida en la batalla.
454	Los Amalos Teodomiro, Vitimiro y Valamiro vencen a los hunos y se independizan de ellos ocupando Panonia.
476	Odoacro, rey de los hérulos, depone a Rómulo, último emperador de Occidente, y ocupa Italia para gobernarla.
493-526	Teodorico el Grande, de la familia de los Amalos y rey de los ostrogodos, entra en Italia y derrota a Odoacro.
507	Clodoveo, rey de los francos, derrota a los visigodos en Vouillé. Estos pierden casi todo su reino galo y pasan a *Hispania*.
510-526	Muere el rey visigodo Gesaleico y Teodorico el Grande inicia la regencia de su nieto Amalarico con la pretensión de gobernar a toda la *gens Gothorum*.
534	Los francos conquistan el reino de los burgundios.
553	Los bizantinos derrotan a los ostrogodos en Italia.
568	Los lombardos, tras permanecer en Panonia cuarenta y dos años, entran en Italia y recogen los derechos del reino ostrogodo. Autharis, su undécimo rey, casa con la princesa bávara Teodolinda.

s. VIII	El *Waldere* se pone por escrito.
766	El duque Waïofario de Aquitania se rebela contra Pipino III (760-768).
768-814	Reinado de Carlomagno.
769	Hunaldo II, hijo de Waïofario, intenta de nuevo la independencia de Aquitania.
791	Carlomagno reconoce la independencia de Aquitania y nombra regente a su hijo Luis, de tres años de edad.
797	Bahlul se subleva e independiza en el Alto Aragón contra Alhakam I (796-822). Refugiado en el Pirineo, y por mediación de Luis de Aquitania, contacta con Carlomagno.
797-812	Un Erkambaldo es *notarius* de Carlomagno y funcionario de Aquitania. En 801 tiene a un Geraldus a su servicio.
800	Carlomagno es coronado emperador en Roma por el Papa.
814-33	Reinado de Luis el Piadoso. Sankt Gallen se convierte en abadía imperial independiente.
?	Geraldus dedica el *Waltharius* al obispo Erkambaldo. Según P. Dronke lo escribiría en 827.
833	La pretensión de Luis de desmembrar el Imperio culmina con su deposición en Colmar por una corriente de prelados y cortesanos, encabezada por el papa Gregorio IV.
843	Repartos de Verdún y disgregación del Imperio de Carlomagno.
843-876	Reinado de Luis el Germánico. Grimaldus es su capellán (848-870) y abad de Sankt Gallen (841-872). Bajo su mandato el *scriptorium* alcanzó su edad dorada.
900-973	Ekkehard I de Sankt Gallen.
980-1057	Ekkehard IV de Sankt Gallen.
1027	*Cronaca della Novalesa.*
1230-50	*Walther.*
s. XIII	*Thidrekssaga.*
	Biterolf und Dietleib.
s. XIV	*Chronicon Boguphali Episcopi.*
s. XV	Balada de *Gaiferos y Melisenda.*

CANTAR DE VALTARIO

DEDICATORIA DE GERALDO

Omnipotente Padre, amador de la virtud suprema, Hijo de igual poder y Espíritu Santo que de ambos procedes, Tú que eres en tres personas una sola Deidad, Tú que vives y reinas sin fin sobre todas las cosas, protege ahora y siempre al ilustre obispo Ercambaldo, que dignamente brilla con reluciente nombre, para que, lleno del hálito divino, crezca por dentro y sea por siempre remedio salvador para muchos. Santo prelado de Dios, acepta ahora el don que, tras pródigos esfuerzos, decidió obsequiarte tu siervo Geraldo, que, aunque débil y vil pecador, es de corazón leal y fiel discípulo tuyo. Ruego constantemente en mis preces al Señor omnitonante que se haga realidad cuanto te deseo; ojalá te lo conceda el Padre que rige cielo y tierra desde lo alto. Siervo del Dios supremo, no rechaces las palabras de este librillo; no canta las bondades de Dios, sino las hazañas de un guerrero llamado Valtario, curtido en numerosos combates; aspira más a divertir que a elevar plegarias al Señor; leyéndolo, se te harán más cortas las horas del día interminable. Ojalá seas feliz por muchos años, santo ministro, y recuerdes con cariño en el corazón a tu hermano Geraldo.

La tercera parte del mundo, hermanos[1], se llama Europa[2]. Sus pueblos difieren entre sí en el nombre, la lengua y las

[1] La mayoría de los filólogos defensores de la autoría del monje Ekehardo identifican a estos *fratres* con sus hermanos de religión; lo que parece poco probable por el tono laico y mundano del poema y por la poca utilidad —para el grupo de los célibes *oratores*— de su propósito moral de exaltar el matrimonio.

costumbres, distinguiéndose también por la religión y por el culto a dioses diferentes. Notorio es entre ellos el pueblo de Panonia, al que por lo común solemos llamar de los Hunos[3]. Este pueblo valiente, superior a los demás en coraje y destreza en el uso de las armas, extendió su dominio no sólo por las regiones circundantes, sino también por las situadas a orillas del Océano, pactando con aquellos que se rendían y sometiendo por la fuerza a los rebeldes. Más de mil años dicen que duró su dominación.

Hubo un tiempo en que el rey Atila[4] ocupó el trono de Panonia y quiso renovar con diligencia y con valor los triun-

[2] La división del mundo en tres partes, Asia, Europa y África, remite a Orosio (I, 2, 1), Jordanes (*Get.*, I, 4) y San Isidoro (*Etymol.*, XIV, 2, 1).

[3] El poema presenta a los hunos como pueblo sedentario poseedor de una *patria* (v. 213), que también tienen Valtario (v. 252) e Hildegunda (v. 354). La denominación de hunos o ávaros es de procedencia occidental (la última la utilizan Paulo Diácono —quien debió tomarla del anónimo *Origo Gentis Longobardorum*— y Gregorio de Tours), frente a la oriental de escitas, cimerios o masagetas (J. O. Maenchen-Helfen, *The World of the Huns...*, 1973, pág. 6). Bleda, hermano de Atila, controló al sector occidental de los hunos hasta su muerte; mientras que éste vivió de cara al Imperio de Oriente (es *rex eous* v. 471) apoyado por Teodosio II, incluso en casos tan extremos como en la petición de mano de la princesa Honoria de Occidente. En el 451 Atila planeó controlar la diócesis de la Galia, para lo cual la reclamó como dote, tomó postura en la sucesión de los francos salios y, una vez muerto Teodosio II y entronizado Marciano —que se negó a seguirle pagando tributos como garantía de paz—, intentó desestabilizar las alianzas de Aecio en Occidente, para lo cual estableció contactos con los alanos, bagaudas y visigodos. Mientras, amparándose en su título de *magister militum*, ofreció sus servicios a Honorio para atacar a los visigodos de Aquitania, tal vez con la pretensión de firmar un *foedus*. El Emperador de Occidente, Valentiniano III, no aceptó y le presentó batalla en los Campos Cataláunicos.

[4] A partir del año 447 (segunda guerra en los Balcanes) Atila fue temido por romanos y bárbaros e imitado por los últimos. Su nombre parece que podría ser diminutivo de *atta* (gót. «padre») y ser un apodo cariñoso puesto por los godos. O. Pritsak («Der Titel Attila», *Festschrift für Max Vaamer. Veröffentlichungen der Abteilung für slavische Sprachen und Literaturen des Osteuropa Instituts an der Freien Universität Berlin*, Berlín, 1956, págs. 404-419) hace derivar *ättila* de *äs-tila* («que lo abarca todo», es decir, jefe universal), lo que Maenchen-Helfen (*The World of the Huns...*, pág. 381) considera inaceptable por mucho que el huno es-

fos de sus mayores. Para lo cual, trasladando su campamento, decidió dirigirse al país de los Francos, cuyo rey era entonces Gibicón[5], poderoso en su alto solio, padre feliz de reciente prole, pues le acababa de nacer un varón llamado Guntario[6], cuyas gestas narraré después.

tuviera «persuadido de que el imperio del mundo le pertenecía» (Prisco, *frag.* 8). En opinión de M. Bussagli (*Atila*, Madrid, 1988, pág. 12), su nombre habría actuado como exorcismo entre godos y hunos, siendo sinónimo de destrucción, muerte y justicia inflexibles. Prisco (*frag.* 8) dice que en 449 «la propia gente de su comitiva casi no se atrevía a hablarle, tal era el temor que inspiraba». Su cara terrorífica, como la de todos los hunos —según las descripciones de Amiano, Sidonio Apolinar y Jordanes— era resultado de las heridas que se practicaban con objeto de ser barbilampiños, de unos ojos pequeños y estrechos, y de la deformación craneana que las madres hacían a los bebés para que la nariz chata pudiera quedar cubierta por el yelmo (Sidonio Apolinar, *Paneg. Avit.*, 253-255). Esa imagen cruel y salvaje, que hacía de ellos seres demoníacos y símbolo de todos los males, se retoma en las sagas burgundias. Atila acabó con la monarquía dual a la muerte de su hermano Bleda, siendo monarca único entre 445 y 453. El centro de su Imperio estuvo en la provincia de Panonia Prima, en el territorio regado por el río Sava que Aecio le cedió para evitar que atacara Occidente. Colapsó, poco después de su muerte, de resultas de la batalla del río Nedao (año 454) —tal vez un afluente del Sava—, donde sus hijos se enfrentaron a una coalición de tribus germánicas (Paulo Diácono, *Historia Romana*, 15-16). Luego Panonia fue controlada por los ostrogodos Amalos. A partir de entonces, entraron en contacto con la civilización romana, con la que reforzaron lazos de amistad enviando a Teodorico, que por entonces contaba siete años, como rehén a Constantinopla.

[5] Del germánico *ghabhiko* («rico, acomodado»). Rey burgundio cuya historicidad, así como la de Heririco, están demostradas en la *Lex Burgundionum* (*MGH, Leges*, II, I).

[6] También conocido como Gundicario. Fue rey histórico de los burgundios entre 412 y 437, en que él y su estirpe (20.000 de los suyos) sucumbieron combatiendo contra los hunos de Bleda. Este episodio se convirtió en el embrión de la saga de los *Nibelungos*. Parece que Aecio fue quien los envió y pagó (*Chron. gall.*, 118, año 436; Hidacio, 108, año 436. Cf. J. R. Moss, «The Effects of the Policies of Aetius on the history of Western Europe», *Historia* 22 (1973), 721), y el Senado, agradecido, le erigió una estatua por garantizar la seguridad de Italia ante la presión de burgundios y godos (cf. A. Degrassi, «L'iscrizione in onore di Aezio e l' Atrium Libertatis», *Bollettino della Commissione archeologica communale di Roma* 72 (1949), 33-44). Los hunos destrozaron el

Un rumor inquietante llega en vuelo a oídos del rey, diciéndole que un ejército hostil, muy superior en número a las estrellas y a las arenas de las playas, ha cruzado el Danubio. Gibicón no confía en sus armas ni en la fuerza de su pueblo.

primer reino burgundio de Germania Prima, para frustrar sus ambiciones en el Bajo Rin y vengar la derrota que los de la orilla derecha habían infligido a Octar, tío de Bleda (Sócrates, *Hist. Eccles.*, 7, 30, 1-6) en el verano de 430. Los burgundios practicaron costumbres hunas como la deformación craneana intencionada (L. Buchet, «La deformation crânienne en Gaule et dans les régions limitrophes pendant le Haut Moyen Âge, son origine et sa valeur historique», *Archéologie Médievale* 18 (1988), págs. 55-71), lo que demuestra una presencia continuada de hunos en la Alta Saboya, Ain, Suiza y los alrededores de Lyon (J. Fr. Reynaud, «Les Burgondes à Bayard. 1000 ans de Moyen Âge», *Archeologia* 164 (1982), 37). Tal vez algunos burgundios habrían sido durante cierto tiempo sus súbditos (J. Werner, *Beiträge zur Archäeologie des Attila-Reiches,* Bayer. Akad. der Wissenschaften, Phil.-Hist. Kl., 38, Múnich, 1956, pág. 17), porque su aristocracia de Renania y el valle del Ródano adoptó la moda húnico-danubiana en sus objetos de uso personal; aunque M. Kazansky («La diffusion de la mode danubienne en Gaule (fin du IVe siècle-début du VIe siècle): essai d'interpretation historique», *Antiquités Nationales* 21 (1989), págs.59-73) cree que su difusión se hizo a través del propio ejército romano al que pertenecían todos estos bárbaros.

La figura de Guntario sufre una curiosa evolución en el poema pues, mientras que al principio se le dirigen apelativos honrosos (*rex superbus*, v. 591; *rex potens*, v. 592; *heros*, v. 601; *inclite princeps*, v. 1098...), después se trocan en infamantes (*demens*, v. 754 y 954; *miser et caecus*, v. 943; *infelix, tremens stupidusque*; *tepide atque enerviter*...), dibujando al arquetipo del avaricioso y ambicioso. Termina por inspirar lástima cuando, a partir del v. 1063, tiene que implorar la ayuda de Haganón con palabras poco dignas de un rey, y éste sólo se la concede a cambio de un *beneficium*. Es paradigma del antihéroe; miedoso, engreído, arrogante, pierde la lanza alocadamente, la hunde *coeptum ineptum* (v. 1304), tiene que hincar la rodilla ante Valtario y tiembla cuando fracasa su plan (v. 1332), perdiendo toda iniciativa. Valtario le posterga en la bebida castigando su falta de fuerza y valor en la lucha, y el *caput orbis* del comienzo termina siendo sentado en el caballo por los dos verdaderos héroes. W. Betz («Die Doppelzeichnung des Gunther im Waltharius und die deutsche Vorlage», *Proceedings of the British Academy* 73 (1951), 470) atribuye este deterioro a la influencia del nuevo pensamiento cristiano, que intentó presentar a un antihéroe bufonesco, modelo de *superbia* y tipo opuesto a la prudencia de la *Psychomachia*.

Convoca a sus barones a una asamblea[7] y les pregunta qué debe hacerse. Todos coincidieron en que debía llegarse a un pacto con los Hunos: tenderles una diestra amistosa, darles rehenes y pagar el tributo que pidiesen; todo era preferible a perder a la vez la vida y el país, y aun los hijos y las mujeres.

Había en aquel tiempo en Francia un joven guerrero llamado Haganón, de prendas inmejorables, vástago del ilustre tronco troyano. Y es a él, siendo Guntario de una edad tan temprana que su tierna vida correría peligro lejos de su madre[8], a quien deciden enviar como rehén al rey de los Hunos, junto con un inmenso tesoro. Sin demora parten embajadores con el tributo y con el muchacho, solicitan la paz y conciertan la alianza.

Regían entonces la Burgundia cetros poderosos, cuya primacía ostentaba Heririco. Tenía éste una única hija llamada Hildegunda, que sobresalía por su nobleza y por la perenne guirnalda que su hermosura le otorgaba. A ella, como única heredera, le correspondería algún día el palacio paterno y,

[7] En los asuntos graves las monarquías militares godas de las migraciones tomaban consejo de una asamblea de ancianos, que probablemente se vestían para la ocasión con abrigos cortos de pieles y botas de piel de caballo, dejaban sueltos sus largos cabellos y sostenían lanzas en sus manos (Claudiano, *De bello Gothico*, vs. 480-487 para el año 402; Sidonio Apolinar, *Panegyr. Avit.*, VII, vs. 403-404 para el año 455; Hidacio, *Chron.* 243 ¿para el año 467?). Alarico II las reunió en dos ocasiones: para pedir ayuda fiscal (*Aviti petacorici eremita vita*, Acta Sanctorum, III, p. 301); y en 507, para ser aconsejado sobre la conveniencia de enfrentarse a los francos (Procopio, *De bello Gothico*, I, XII). El rey burgundio convoca el mismo tipo de asamblea que el franco. Lo que, en cambio, no hace el de los aquitanos, tal vez porque, cuando se compuso el poema, la monarquía ya era territorial autoritaria.

Los germanos reunían asambleas de guerreros en armas (*thing*) en representación del *Gefolge* de Odín-Wotan y de la función guerrera, por eso llevaban en sus manos la lanza como distintivo.

[8] La edad mínima para convertirse en rehén eran los tres años. Para San Isidoro (*Etym.*, XI, II, 4-5) la adolescencia transcurría entre los catorce y los veintiocho, mientras que la *iuventus* alcanzaba hasta los cincuenta, y añade (*Etym.*, XI, II, 15-16) que el joven se distinguía del adolescente porque empezaba a estar capacitado para ayudar.

con él, todos los tesoros acumulados por su padre, si es que llegaba a disfrutar de todo aquello.

Los Ávaros, una vez confirmada la paz con los Francos, se detuvieron en un confín de su territorio. Atila entonces dirigió hacia Burgundia sus veloces riendas, y no tardó en seguir sus pasos el resto del ejército huno. Iban perfectamente formados en largas filas iguales[9], y gemía la tierra golpeada por los cascos de los caballos, y tronaba en lo alto el cielo temblando ante el estrépito de los escudos. Una selva de hierro resplandece tiñendo con su brillo los campos, como cuando al despuntar el alba el radiante sol golpea el mar y reverbera su fulgor en todas las playas del mundo. Ya han cruzado los hondos cauces del Saona y del Ródano, y toda la tropa se dispersa por el país en busca de botín.

Por aquel entonces tenía Heririco su corte en Chalon[10]; de repente un centinela, levantando los ojos, grita: «¿Qué nube surge allí con densa polvareda? Una hueste enemiga se acerca. ¡Cerrad todas los puertas!». Como el rey Heririco sabía ya lo que habían hecho los Francos, reunió a todos sus barones y les dijo: «Si un pueblo tan valiente como el de Francia, con el que no podemos parangonarnos, se rindió a Panonia, ¿con qué valor creéis que vamos a presentarles batalla y a defen-

[9] Claudiano (*Contra Rufino,* I, 329-331) dice que los hunos cabalgaban en tropel con más firmeza que los Centauros, «fuertes, ligeros, aparecen en formación disoluta, se lanzan, vuelven, atacan al enemigo que ya lejanos les cree». Los estudiosos tienden a considerar que la táctica genuina de los bárbaros se basaba en su número e ímpetu para desconcertar a los disciplinados romanos, quienes, por su parte, contaban con armas superiores (Th. S. Burns, «The Battle of Adrianople: a reconsideration», *Historia* 22, (1973), pág. 339).

[10] *Cabillonis* es la moderna Chalon-sur-Saône. No está claro dónde estuvo la capital del primer reino burgundio. Siguiendo a Olimpiodoro (*frag.* 17), unos la sitúan en *Mundiacum*, en torno a Coblenza y, otros, en Espira. Fue a partir de la difusión de los *Nibelungos* cuando se vulgarizó la idea de que residían en Worms, pero en los demás poemas donde se toca el tema de la ruina de los burgundios, no se hace la menor alusión a esa ciudad. Por otra parte, el *Widsith* anglosajón conoce a Gudere y a los burgundios en las proximidades de los francos, es decir en las regiones del Bajo Rin. Cuando los burgundios fundaron su segundo reino en *Sapaudia*, pusieron la capital en Lyon.

der la dulce patria? Mejor es concertar una alianza con ellos y pagarles un tributo. Entrego también sin vacilación a mi única hija como rehén, mirando por nuestro país. Hagámoslo pronto para concluir el tratado».

Parten los embajadores, despojados de sus espadas, y transmiten al enemigo lo que el rey les había ordenado; piden que cesen los saqueos. Atila, el caudillo, los recibió benévolamente, como tenía por costumbre, y les dijo: «Más deseo alianzas que hacer la guerra por doquier. Los Hunos prefieren reinar en paz, pero no dudan en aplastar, aun forzando su talante, a los que se muestran rebeldes. Que venga vuestro rey y estrecharé la diestra que me tiende».

Salió a su encuentro luego Heririco con innumerables tesoros, y concertó el pacto, y dejó a su hija como rehén. Marchó, pues, al destierro la gema más preciosa de sus padres.

Concluida la paz y establecido el tributo, Atila condujo su ejército hacia Occidente. Reinaba entonces sobre los Aquitanos Alfere[11], y cuentan que tenía un retoño de sexo masculino llamado Valtario, que se hallaba en la flor de su primera edad. Los reyes Heririco y Alfere se habían comprometido[12] mediante juramento mutuo a unir en matrimonio a sus hijos, cuando les llegara el tiempo de casarse. Tan pronto como Alfere supo que las antedichas regiones habían sido sometidas, comenzó a temblar de miedo, pues no abrigaba esperanzas de poder defenderse con esforzadas armas. «¿Por qué dudamos —dijo— si no podemos presentarles batalla? Burgundia y Francia nos señalan el camino a seguir. Nadie podrá reprocharnos que obremos como ellas. Voy a enviar embajadores con órdenes de concertar una alianza; estoy dispuesto a entregar como rehén a mi querido hijo y a pagar a los Hunos el tributo que pidan». Mas ¿por qué detenerme? Las pala-

[11] Alferus tiene nombre de origen anglosajón (Aelphere) que puede estar relacionado con la raíz 'alfh-'. Aparece citado en el *Beowulf* y en la *Gautrekssaga*, una de las compilaciones mejor documentadas sobre las tradiciones antiguas (G. Dumézil, *Mythe et épopée, II, Types épiques indoeuropéens: un héros, un sorcier, un roi*, París, 1986, pág. 112).

[12] La primera edad, según San Isidoro (cfr. n. 7bis) duraba hasta los siete años.

bras se vieron confirmadas por los hechos. Y así los Ávaros, cargados de tesoros, con Haganón, la niña Hildegunda y Valtario como rehenes, volvieron a su patria con los corazones alegres.

De regreso en Panonia y en su corte, Atila colmó de atenciones a los jóvenes desterrados y ordenó que los educaran como si fuesen hijos suyos[13]. Confía a la doncella a los cuidados de la reina y manda que los dos muchachos se encuentren siempre ante su vista, ejercitándolos en todo género de artes, especialmente en los juegos que más útiles son en tiempo de guerra. Crecieron ellos a la vez en sabiduría y edad[14] venciendo en robustez a los fuertes y en inteligencia a los sabios, hasta el punto de que llegaron a superar en valor a todos los Hunos. Atila los nombró capitanes de su ejército, y se lo merecían, pues en tiempo de guerra obtenían gran gloria con sus insignes triunfos; y por esta razón los amaba tanto el rey a ambos. También la doncella cautiva logró, con la ayuda del supremo Dios, captarse la benevolencia y granjearse el cariño de la reina, tanto por su destreza en las labores propias de su sexo como por lo exquisito de sus modales;

[13] Atila tenía varios hijos y sentía afecto especial por el pequeño, a quien sentaba a su lado en los banquetes. No parece fácil que adoptara a Valtario y a Haganón con intención de que le heredaran a su muerte, como afirma P. Aguilar Ros («El cantar de Valtario, hipótesis para una nueva lectura», *De la Antigüedad al Medievo, s. IV-VIII*, III Congreso de Estudios Medievales, León, 1993, págs. 190-191). En cambio, sí pudo tratarse de una *adoptio per arma*, institución característica de los germanos, que sabemos practicaron los Amalos con el rey vándalo Guntamundo (Casiodoro, *Var.*, 8, 9) y el propio Teodorico con el rey de los hérulos (*Var.*, 4, 2). Probablemente lo hizo también el visigodo Teodorico II con el suevo Requiario.

[14] Cf. Lucas. 2, 52: «Iesus proficiebat sapientia et aetate». Los dos jóvenes resumen en sus personas el ideal de *sapientia* y *fortitudo* presentes también en los héroes paradigmáticos de Virgilio y Estacio. Para San Isidoro (*Etym.*, XXXIX, 9) estas cualidades hacían a los hombres que las poseían merecedores de ser recordados en cantos heroicos y alcanzar el cielo.

se le confía la custodia de todos los tesoros y poco falta, en fin, para que reine también ella, pues hacía y deshacía a su antojo[15].

Entretanto fallece Gibicón; Guntario sucede a su padre en el gobierno de los Francos y revoca en seguida la alianza con los Hunos[16], negándose a pagar el tributo pactado. En cuanto el desterrado Haganón lo supo, se dio a la fuga durante la noche y voló a la corte de su señor[17]. Valtario, sin embargo, continuó al frente de los Hunos en las batallas, y adondequiera que fuese el éxito lo acompañaba.

Considerando la fuga de Haganón, Óspirin[18], la esposa del rey, aconsejó así a su señor: «De vuestro regio talento espero que adopte las medidas necesarias para que vuestro im-

[15] La situación de dueña de la casa de Atila, que le permitía poseer las llaves y compartir su mesa, es la propia de la concubina *quasi uxor*, en los derechos jutlándico, noruego, islándico y lombardo. Esta, transcurrido un plazo, podía convertirse en esposa legítima (J. Ficker, *Sobre el íntimo parentesco entre el derecho godo-hispánico y el noruego-islándico*, Barcelona, 1928, trad. de la ed. alemana de 888, pág. 44).

[16] La sucesión de Gibicón en Guntario y la de Alfere en Valtario, se produce por muerte natural de los progenitores, y siguiendo el principio hereditario de tradición romana.

[17] El hecho de que Haganón sea un Sicambro (ver pág. 90) lo emparenta a Clodoveo —llamado así por el obispo Remi de Reims cuando le bautizó (Gregorio de Tours, *Historiae*, II, XXXI)— y a su padre Childerico. Este consiguió el trono de los francos salios y ripuarios gracias al apoyo de Aecio que lo había adoptado, lo que le permitió obtener la victoria frente a su hermano mayor al que apoyaba Atila. El rubio Childerico viajó a Roma, donde gozó de la protección de Valentiniano III (Prisco, *frag.* 16; Jordanes, *Getica*, XXXVI, 191). La derrota de Atila en la cuestión franca fue su pretexto (*prophasis* dice Prisco) para atacarlos. La huida de Haganón de Panonia al ver su vida en peligro, podría reflejar la ruptura tras la elección de Childerico, y el pacto de los francos con Aecio en el Medio y Bajo Rin. A pesar de su victoria política, Aecio no olvidó la amistad que le unía con el huno desde la niñez, y le dejó escapar con vida en la batalla de los Campos Catalaúnicos.

[18] Atila tuvo varias esposas. La que ejercía como tal durante la embajada de Prisco se llamaba Kreka, y la última, en cuyo lecho nupcial falleció el huno —según cuenta Jordanes (*Get.* XLIX, 254)—, era una germana de nombre Ildico, un bitemático idéntico en el primer término (*Ildi*, *Hilde*) al de Hildegunda.

perio no se vea privado de la columna en la que descansa, esto es, para que no os abandone vuestro amigo Valtario, en quien reside la principal fuerza de este reino; pues temo que huya, siguiendo el ejemplo de Haganón. Por ello os ruego que toméis en consideración lo que voy a recomendaros; cuando se presente ante vos, decidle estas palabras: 'Muchas fatigas has tenido que soportar a nuestro servicio, pero quiero que sepas quê gozas de nuestro favor por encima de todos nuestros amigos. Y voy a demostrártelo con actos mejor que con palabras: elige esposa entre las hijas de los notables de Panonia y no te detengas a considerar tu actual miseria. Te haré muy rico en casas y posesiones, de manera que quien te dé a su hija por esposa no se avergüence de habértela entregado'. Si así lo hacéis, tened por seguro que no os abandonará». Plugo al rey tal consejo y se dispuso a ponerlo en práctica en seguida.

Llega Valtario, y el rey le repite lo que Óspirin le dijo, invitándolo a tomar esposa; pero el joven, que tiene ya pensado lo que va a hacer después[19], responde de este modo a las sugerencias de Atila: «Muy indulgente demostráis ser concediendo valor a mis modestos servicios, pues nunca merecieron la estima que les otorgáis. Pero os ruego que comprendáis la respuesta de un siervo fiel: si tomase mujer siguiendo vuestras recomendaciones, descuidaría con frecuencia el servicio del rey, retenido como estaría por los cuidados y el amor de mi esposa; me vería obligado a construir casas y a cultivar la tierra, lo que me alejaría de los ojos de

[19] Posiblemente renovar la formalización de su matrimonio con Hildegunda, cuya primera fase —la de los esponsales—, había sido realizada (v. 229) por decisión jurada de los padres de ambos (v. 82) en espera de que les llegara el *tempus nubendi,* lo que, previsiblemente, debía ocurrir en un plazo de dos años, (según *L. V.*, II, 1, 4 y *Lex Burg.*, XXVIII, 2, que, a su vez, debieron estar influenciadas por el derecho romano).

Menéndez Pidal (*Romancero hispánico*, I, 1968, pág. 293) interpreta que la novia era huna, pero cabe la posibilidad contraria porque muchos otros pueblos y tribus estaban sometidos a Atila, aunque disfrutaban de una situación preeminente.

mi señor[20], y no podría dedicar los esfuerzos habituales en pro del reino de los Hunos. Además, el que ha probado los placeres domésticos no se acostumbra luego a soportar duros trabajos. Nada hay tan grato para mí como permanecer siempre fiel en obsequio de mi señor. Por ello os ruego me permitáis que mi vida transcurra por ahora libre del vínculo matrimonial. Si a medianoche o de madrugada me mandáis algo, sea lo que sea, me hallaréis siempre listo para cumplir vuestras órdenes, y durante la guerra no podrán inducirme a retroceder ni a escapar los cuidados propios de quien tiene hijos o esposa. Por vuestra vida os ruego, óptimo padre, y por el hasta hoy invicto pueblo de Panonia, que no me obliguéis a empuñar la antorcha nupcial». Persuadido por estas súplicas, el rey renuncia a su designio, confiando en que Valtario no se dará nunca a la fuga.

Entretanto llegó a los oídos del monarca la noticia segura de que un pueblo, poco ha sometido, se había rebelado y estaba listo para presentar batalla a los Hunos.

El mando de la expedición le fue encomendado a Valtario. Pasa éste revista al ejército alineado y, luego, fortalece el corazón de sus guerreros exhortándolos a tener siempre presentes en la memoria las victorias pretéritas y pronosticándoles que derrotarán a esos rebeldes con su acostumbrado valor e impondrán el terror en tierra extranjera.

[20] Los argumentos antimatrimoniales de Valtario para rehusar la oferta de Atila están en la línea de la doctrina paulina (*I Cor.*, 7, 32-33) utilizada por Juan Crisóstomo (*La Virginité*, Sources Chrétiennes, 1966, y *À une veuve. Sur le mariage unique*, Sources Chrétiennes, 1968) y Gregorio de Nisa (*Traité sur la Virginité*, Sources Chrétiennes, 1966), para quienes el matrimonio alejaba al hombre de Dios y de sus asuntos obligándole a preocuparse por los del mundo. Esta idea perdió vigencia durante la temprana Edad Media, y entró en franco contraste con la doctrina matrimonial carolingia recogida en la literatura de los *specula*, que eliminó las referencias antimatrimoniales de la patrística clásica (P. Tourbet, «La théorie du mariage chez les moralistes carolingiens» en *Il matrimonio nella società altomedievale, Settimane di Spoleto 1976*, Spoleto, 1977, pág. 251), por lo que parece razonable pensar que esta parte del discurso de Valtario pertenezca a una de las primeras versiones orales.

Acaba de ponerse en marcha y lo sigue todo el ejército. Después de haber estudiado a conciencia el teatro de la batalla, dispuso ordenadamente sus tropas sobre una dilatada planicie. Ya se encuentran unos y otros a la distancia de un tiro de venablo, preparados para el combate. Surge entonces de todos partes un inmenso clamor que el viento difunde, y se mezcla con él la voz horrísona de las trompetas, y las lanzas vuelan de aquí y de allá oscureciendo el cielo. El dardo de fresno y el de madera de cerezo se confunden en uno y brillan sus puntas en el aire como si fuesen rayos. Con la misma densidad con que la nieve cae cuando sopla el cierzo, así descienden las crueles flechas sobre uno y otro bando. Después, al agotarse las armas arrojadizas, empuñan todos las espadas, desenvainando las fulmíneas hojas y embrazando los escudos. Chocan, en fin, las filas y se renueva la batalla. Quiébranse pechos contra pechos de caballos en el encuentro y muchos combatientes sucumben en el duro topar de los escudos. Valtario, por su parte, derrocha furia en medio de sus líneas, segando la vida de quien le sale al paso y abriéndose camino con la espada. Los enemigos, al verlo sembrar tanta matanza, estaban aterrorizados, como si en él se hubiese materializado la propia muerte; y adondequiera que se dirigía, ya a la derecha, ya a la izquierda, huían todos de él a rienda suelta, con los escudos a la espalda. Entonces, imitando a su caudillo, el imponente ejército de Panonia ataca con fiereza e incrementa la mortandad a fuerza de coraje, abatiendo a cuantos oponen resistencia y aniquilando a los fugitivos, hasta obtener un triunfo completo en la batalla. Acto seguido, se arrojan sobre los cadáveres y los despojan por entero. Finalmente Valtario hace sonar su cóncavo cuerno para reunir a sus hombres y es el primero en coronarse la frente con la festiva fronda, ciñéndose las sienes en presencia de todos con el victorioso laurel; tras él lo hacen los portaestandartes y, después de ellos, el resto de los combatientes. Todos regresan adornados con la corona triunfal y, al llegar a la patria, cada uno vuelve a su casa mientras Valtario, presuroso, se dirige al palacio real.

Los servidores palatinos acuden corriendo desde la fortaleza y, alegres de volver a ver a su héroe, sujetan la brida del caballo hasta que Valtario desciende de la alta silla. Le preguntan si las cosas han ido bien. Él, brevemente, les responde y, sin más, entra en el palacio, pues se encuentra muy fatigado, y se encamina a las habitaciones del rey. Tropieza allí con Hildegunda, que está sola y sentada. Tras abrazarla y besarla tiernamente, le dice: «Tráeme en seguida algo de beber. Estoy extenuado». Ella al punto llenó de vino un precioso cáliz y se lo ofreció al héroe, quien, santiguándose, lo tomó y, al tomarlo, apretó con su mano la mano de la doncella[21]; Hildegunda se quedó allí, en silencio, mirándolo a los ojos. Bebe Valtario y devuelve la copa, vacía, a la doncella —ambos sabían que se había concertado su matrimonio— y, dirigiéndose a su amada, le dice: «Hace ya mucho tiempo que los dos soportamos este destierro, sin ignorar lo que nuestros padres decidieron acerca de nuestro futuro. ¿Vamos a seguir silenciando nuestros sentimientos?». La doncella, pensando que su prometido no hablaba en serio, permaneció callada un rato y después dijo: «¿Por qué con engañosas palabras

[21] Como, probablemente, habían transcurrido más de dos años desde que sus padres formalizaran el *sponsalicium*, Valtario renueva su compromiso e inicia la segunda fase del rito matrimonial —la *desposatio*—, en una ceremonia privada, validada por el simple consentimiento de los contrayentes, aunque se cerciora antes de que Hildegunda consiente. La escena es similar a la que recoge Paulo Diácono (*Historia Longobardorum*, III, 30) entre el rey lombardo Autharis —undécimo de la dinastía en la que un cierto Waltharis ocupaba el octavo lugar— y la princesa bávara Teodolinda. El autor, que tomó frecuentes préstamos de las sagas para su *Historia*, cuenta que, al presentarse el rey de incógnito con la embajada lombarda para solicitar la mano de la princesa, ésta le ofreció una copa de vino. Cuando fue a devolvérsela después de beber, tocó con la mano derecha la frente, la nariz y la mejilla de la confundida joven; lo que su aya interpretó como una ceremonia privada de matrimonio. Se trata de un rito extraño al mundo cristiano que el poeta carolingio actualizó haciendo que el héroe se santiguara, con lo que alteró su primitivo significado y lo transformó en una ceremonia formal de cortesía. En los primeros tiempos, la Iglesia conservó el rito de que los esposos bebieran de la misma copa durante la ceremonia matrimonial que, al finalizar, solía romperse.

propones lo que en tu fuero interno repudias? ¿Por qué dices con la boca lo que tu corazón no siente, como si fuese una ignominia contraer matrimonio conmigo?». El discreto joven respondió: «¡Lejos de mí semejante engaño! Esfuérzate por penetrar en el sentido de mis palabras. Puedes creer que no ha habido en ellas falsedad ni simulación. Nadie hay aquí a excepción de nosotros dos. Si supiese que tienes el ánimo en disposición de escucharme y que no dudarías en secundar fielmente mis planes, me gustaría revelarte todos los secretos de mi corazón». Entonces la doncella cayó de hinojos ante el héroe y le dijo: «¡Mi señor, te seguiré gustosa adonde me ordenes ir, sin anteponer nada a tus designios!» Contestó él: «Me desagrada nuestro destierro y pienso con frecuencia en la patria lejana. Mi intención es emprender la huida en secreto cuanto antes. Hubiera podido fugarme hace muchos días, pero me dolía dejar aquí sola a Hildegunda». La doncellita pronunció entonces estas palabras, surgidas de lo más profundo de su corazón: «Tu voluntad es la mía y me consumo en los mismos deseos que tú. Mándeme mi señor, que estoy dispuesta con toda mi alma a afrontar por su amor cualquier cosa, sea favorable o adversa».

Valtario le dice al oído: «El poder público te confió la custodia del tesoro; graba bien en tu mente lo que voy a decirte. En primer lugar apodérate del yelmo y de la coraza del rey[22] — me refiero a la loriga de tres lizos[23] que lleva la mar-

[22] Valtario era un guerrero de Atila sin fortuna ni armas propias, con una situación próxima a la de los *saiones* godos (D. Claude, *Adel, Kirche und Königtum im Westgotenreich*, Sigmaringen, 1971, pág. 41).

[23] Esta coraza de triple lizo (v. 263) es una cota de mallas que no se corresponde con la que Valtario lleva cuando se enfrenta a los francos, que es de escamas (v. 791). Probablemente es ésta la que robó a Atila, pues los romanos calificaban la coraza de los hunos de *lorica plumata* (Fr. Altheim, *Attila et les Huns*, París, 1952, pág. 32), expresando su semejanza con el plumaje de los pájaros. Maenchen-Helfen cree probable que se combinara bronce y hierro para su fabricación, lo que explicaría las aparentes contradicciones de los v. 452 («estaba totalmente cubierto de bronce») y v. 538 («el héroe reviste con hierro sus arrecidos miembros»). Sabemos que los alanos llevaban una coraza de escamas similar y, en el poema, también lo hacen los francos. Las miniaturas del Salterio

ca del artífice. Consigue luego dos arcas de tamaño mediano y llénalas de broches panonios hasta que a duras penas seas capaz de levantar una de ellas a la altura del pecho. Hazte después con cuatro pares de zapatos de uso corriente para mí y con otros tantos para ti, y mételos en los cofres, de manera que queden repletos hasta el borde. Debes lograr también, sin llamar la atención, que los herreros te proporcionen anzuelos curvos, pues nuestras únicas provisiones de viaje consistirán en los peces y pájaros que pueda yo pescar o cazar a lo largo del camino. Procura que todo esté preparado en el espacio de una semana. Has oído ya todo lo que necesitamos para viajar. Te diré ahora cómo nos las ingeniaremos para salir de aquí. Después que Febo haya completado su séptimo giro, celebraré con enorme dispendio un alegre festín al que acudirán como invitados el rey, la reina, los príncipes, los capitanes y la tropa, y emplearé toda mi astucia en emborracharlos, de forma que ninguno de ellos repare en lo que nos proponemos llevar a cabo. Tú, por tu parte, bebe en estos días con moderación y limítate en la mesa a apagar apenas la sed. Cuando los demás se levanten, ve realizando las labores que te he encargado. Y tan pronto como la fuerza del vino los haya derrotado a todos, tú y yo emprenderemos veloz huida hacia Occidente».

La doncella no olvidó cumplir las órdenes de su señor. Y he aquí que llegó el día establecido para el banquete. El propio Valtario eligió los manjares sin considerar gastos. Reinaba la abundancia en la opulenta mesa. Entonces entra el rey en el salón del trono, totalmente rodeado de colgaduras. El magnánimo héroe lo saluda, según la costumbre, y lo acompaña hasta el trono, que está guarnecido de finísimo lino y de púrpura. Toma asiento el monarca y ordena que a su lado, a derecha e izquierda, se sitúen dos de sus capitanes; a los demás es el senescal quien los coloca. Cien asientos ocu-

de oro, de hacia el año 900 (*Cod. Sangallensis* 22, 141), representan a los soldados vestidos con ellas, además de llevar espadas largas, casco, escudo redondo, arco y flechas.

pan los invitados[24], que sudan copiosamente mientras devoran las diferentes viandas. Nuevos manjares sustituyen a los ya consumidos, y asciende una exquisita mezcla de aromas desde las fuentes de oro —de oro puro es la vajilla que reposa sobre los manteles de lino—, y un aromático Baco centellea en las copas. El aspecto y dulzura de la bebida incita a apurar las cráteras. Incansable, Valtario anima a todos a comer y beber. Después que fue expulsada el hambre y quitaron la mesa, el héroe, dirigiéndose alegremente al rey, le dice: «Majestad, os ruego que tengáis la merced de brindar, vos primero, a la salud de todos los presentes». Y, al mismo tiempo, le ofrece una artística copa en la que están grabadas las hazañas de sus mayores[25]. Atila la recibe y apura su contenido de un solo trago; al punto ordena que todos los demás lo imiten. Van y vienen los coperos trayendo copas llenas y retirando las vacías. Los comensales beben a porfía, animados por Valtario y el rey. Una hirviente embriaguez se enseñorea de la sala, y de las bocas húmedas brotan, atropelladas, las palabras. Vieras allí a robustos héroes tambalearse y no tenerse en pie. Hasta altas horas de la noche prolonga Valtario la bacanal, reteniendo a quienes hubieron deseado marcharse. Y,

[24] Es significativo que el número de comensales sea una centena, porque vuelve a traer a colación el viejo problema de si el origen de la organización decimal de los ejércitos bárbaros sería indoeuropeo (F. Rodríguez Adrados, *El sistema gentilicio decimal de los indoeuropeos occidentales y los orígenes de Roma*, Madrid, CSIC, 1948), o si, más bien, habría que buscarlo en la influencia de la organización del ejército romano (D. Pérez Sánchez, *El ejército en la sociedad visigoda*, Salamanca, 1989, págs. 44 y sigs.). Por otra parte, el término *sodalis* empleado (v. 296) designa a un guerrero autónomo (G. Dumézil, *Heur et malheur du guerrier. Aspects mythiques de la fonction guerrière chez les Indo-Européens*, París, 1985, pág. 78) que no mantiene relaciones de parentesco con los demás (cf. E. Benveniste, *Vocabulario de las instituciones indoeuropeas*, trad. esp., Madrid, 1983, págs. 212-215, para las relaciones sociales expresadas por los compuestos de **swe-*).

[25] Prisco recuerda la disposición de los comensales en la mesa de Atila, que se sentaban según un estricto protocolo, así como la costumbre de brindar por la salud de cada huésped y recordar con cantos las hazañas de los mayores, lo que aquí queda resumido de forma plástica en el relieve de la copa.

al fin, vencidos por el poder de la bebida y por el sueño, los invitados van cayéndose todos aquí y allá, a lo largo de los pasillos. Nadie hay capaz de darse cuenta de lo que ocurre a su alrededor; aunque arda el palacio por los cuatro costados.

Finalmente Valtario llama a su lado a su amada y le ordena que traiga las cosas ya preparadas. Entretanto él saca del establo a su victorioso corcel, al cual a causa de su fuerza ha puesto por nombre León[26]. Allí está el noble bruto, tascando el freno y arrojando espuma por la boca. El héroe le pone los arreos; luego le cuelga a cada flanco los dos cofres repletos de tesoros. Lo carga, además, con algunas vituallas[27], pues será largo el viaje, y encomienda las movedizas riendas a la diestra de la doncella. En cuanto a él, se reviste de la loriga como un coloso, se coloca sobre la cabeza el yelmo de rojo penacho y se ajusta las grebas a las potentes piernas. Después se ciñe una espada de doble filo al costado izquierdo y, según es costumbre en Panonia, otra al derecho, pero ésta que no hiera al contrario más que por una parte. Entonces, empuñando la lanza con la diestra y embrazando el escudo con la siniestra[28], se apresura a salir de aquella odiosa tierra.

[26] León es nombre poco documentado en la Antigüedad para los caballos. Jordanes compara a Atila con un león (*Get.*, XL, 212) y Sinesio en *De Providentia*, al narrar el golpe preparado por la facción antigótica en Constantinopla en 399, explica que se aliaron con los hunos y lanzaron al lobo (los hunos) contra el león (los godos) (O. Maenchen-Helfen, *The World of the Huns...*, pág. 49). No obstante, es posible que el nombre fuera tomado por el autor carolingio de la *Psychomachia*, donde la vanidad (defecto adjudicado en el poema a Valtario) combate sobre un caballo cubierto con una piel de león.

[27] Aquí se observa una contradicción ya que, al dar instrucciones a Hildegunda para que preparara la huida, le encargó anzuelos advirtiéndole que sus únicas provisiones serían las que él mismo consiguiera con la caza y la pesca.

[28] En el s. V sólo los nobles germanos o hunos iban equipados de manera tan formidable. Cuando Procopio (*De bello Gothico*, I, 27) se refiere al armamento de los caballeros godos, lo reduce a la espada y la lanza, armas de élite, insistiendo en que su desventaja frente a los francos residía en que éstos sabían lanzar armas arrojadizas y evitaban la lucha cuerpo a cuerpo. Sin embargo, Jordanes (*Getica*, III) atribuyó a los godos aptitudes especiales en el manejo del arco, y anteriormente Sido-

El caballo que lleva el tesoro lo conduce la hembra, que tiene una vara de madera de avellano en las manos: es la caña que el pescador echa con el anzuelo al agua, deseoso de que el pez muerda el cebo que hay en el anzuelo. Va el héroe protegido por doquier por sus pesadas armas, listo en todo momento para afrontar la lucha. Avanzan presurosos durante toda la noche; pero, cuando el bermejo Febo envía sus primeras luces a la tierra, optan por ocultarse en los bosques y buscan las espesuras. El miedo los atormentaba incluso en los lugares más seguros. Tan recelosa está la doncella que, a cada susurro del viento, a cada vuelo de pájaro, a cada crujido de rama, le salta el corazón dentro del pecho y se estremece llena de terror. Pero la incitan a continuar el odio al país del destierro y el amor por la patria lejana. Evitan las aldeas y rehúyen los campos cultivados; viajan a través de montañas salvajes y de sendas tortuosas, lejos de los caminos frecuentados, temerosos siempre de que puedan darles alcance.

El vino y el sueño envolvieron en profundo silencio a los habitantes de la ciudad hasta el mediodía siguiente. Al despertar, todos buscan al héroe para darle las gracias y presentarle sus respetos. Atila sale de su tálamo cogiéndose la cabeza con ambas manos y llama entre lamentos a Valtario para quejarse de lo mal que se encuentra. Los criados le dicen que no saben dónde puede estar, y el rey piensa que su anfitrión duerme aún tranquilamente en algún reservado destinado al efecto. Cuando Óspirin se da cuenta de que tampoco está Hildegunda, pues no ha venido a traerle los vestidos como de costumbre, se dirige al sátrapa llena de tristeza, prorrumpiendo en grandes gemidos: «¡Malditos sean los manjares que

nio Apolinar, buen conocedor de los visigodos de *Tolosa*, recuerda que empleaban las flechas para cazar. También en el s. v Flavio Vegecio Renato recomendaba a los soldados romanos en el *De Re Militari* (c. 383-450) que se especializaran en la jabalina, la honda o el arco, lo que les evitaría huir ante los arqueros enemigos (A. Ferrill, *La caída del Imperio Romano. Las causas militares*, Barcelona, Edaf, 1989, pág. 125). Finalmente, una ley de Ervigio de fines del s. VII (*L. V.*, IX, II, 9) especifica que un guerrero al servicio de un jefe cualquiera debe llevar coraza, escudo, espada, *scrama* (espada de un solo filo), lanza y flechas.

tomamos ayer! ¡Maldito el vino que ha echado a perder el reino de Panonia! Lo que vaticiné hace tiempo a mi señor se ha cumplido hoy, y no podremos olvidar este día nunca. Se ha derrumbado la columna sobre la que reposaba vuestro imperio[29]; la fuerza y el glorioso valor nos han abandonado. Ha huido Valtario, la luz de Panonia, llevándose consigo a Hildegunda, mi queridísima alumna[30]».

Ya arde en formidable cólera el fiero príncipe. Una profunda pena sustituye a la alegría en su corazón. Rasga violentamente su manto desde los hombros hasta los pies, mientras los pensamientos más sombríos se agitan en su espíritu[31].

[29] Con este apelativo se alude a Valtario por dos veces (vs. 126 y 376). En el s. v Sidonio Apolinar (*Carm.*, XIII, 71-72) lo había usado para dirigirse a Teodorico II de *Tolosa*, asociado al de *Martius rector*, nombre poético de Marte y probable transposición romana del germánico Tîwaz. Este dios, padre divino de los godos durante su etapa en el Mar Negro, tenía su epifanía en una espada hincada en tierra. Los sajones de tiempos de Carlomagno dieron culto a Irminsûl, una de las formas divinas más recientes de Tîwaz, y lo describieron como *universalis columna quasi sustinens omnia* (J. de Vries, *Las religiones antiguas*, vol. III, Historia de las religiones s. xxi, Madrid, 1977, pág. 72). Dicho apelativo, en unión de la amputación de la diestra que sufrió Tîwaz por defender el orden cosmogónico, podrían ser dos manifestaciones divinas más del héroe. Sabemos también que, en Islandia, Tîwaz fue venerado como Nuada, y su mitología cuenta que su mano le fue amputada en una batalla y sustituída por otra de plata. Es evidente el paralelo con la recomendación final de Haganón (cfr. pág. 89) al sugerir a Valtario que ocultara la lesión rellenando el guante derecho de lana; lo que en modo alguno habría pasado inadvertido al dejar al héroe incapacitado para usar la espada de doble filo, obligándole a emplear la *scrama* que, al tener sólo uno, se sostenía con la izquierda.

[30] En el sentido de «persona criada o educada desde su niñez por alguno, respecto de éste» (Diccionario de la *RAE*).

[31] D. Kratz (*Mocking epic...*, pág. 29) identifica el desconsuelo de Atila con el dolor de Dido (*Eneida*, 4, 5). Sus manifestaciones son tan extremosas como las que veremos en Guntario. Como él, hace el ridículo, porque ninguno de los dos sirven de vehículo expresivo de los valores cristianos. B. Schütte («Länder und Völker im *Waltharius*», *Mittellateinisches Jahrbuch* 21 (1986), 74) cree que el perfil de Atila no está conseguido por mucho que, gracias a él, la leyenda de Valtario adquiriera visos de realidad por encima de los elementos añadidos tomados del mundo folklórico y cuentístico.

Como la arena sufre los embates de los torbellinos de Éolo, así se arremolinan en el pecho del rey los más amargos sentimientos. Los distintos estados de ánimo se reflejan en su rostro, exteriorizando lo que en su interior lo atormenta, y la ira no le deja articular palabra. Todo el día lo pasa sin comer ni beber, y la preocupación le impide dar descanso a sus miembros un solo instante. Cuando la negra noche arranca los colores a las cosas, se desploma rendido en el lecho, pero no consigue cerrar los ojos y da vueltas y vueltas sobre el lado derecho e izquierdo de la yacija. Como si un dardo bien afilado le hubiera traspasado el pecho, se contrae convulsivamente, girando la cabeza aquí y allá, y se yergue, fuera de sí, sentándose en la cama. Tampoco esto le sirve de ayuda. Entonces se levanta y deambula por la ciudad, pero pronto vuelve a su alcoba y pronto la abandona de nuevo. En esas idas y venidas Atila permanece insomne toda la noche. Entretanto los fugitivos, al amparo de la oscuridad, se apresuran a dejar atrás la odiada tierra de los Hunos.

Al despuntar el alba, el rey convocó a sus barones y les dijo: «¡Ah, si alguno de vosotros me trajese aquí al prófugo Valtario, cargado de cadenas como un dañino perro lobo[32]! A ése yo lo vestiría de oro finísimo, le regalaría tierras de las cuatro partes del reino y pondría tesoros a su paso durante el resto de su vida». Pero nadie hay en un país tan grande, ni príncipe, ni duque, ni conde, ni caballero, ni menestral, que, aun deseando demostrar su propio valor y conseguir fama inmortal derrochando coraje, y ambicionando al mismo tiempo llenar de oro su bolsa, nadie hay capaz de perseguir a Valtario con las armas en la mano y arriesgarse a pelear con él cara a cara[33]. Bien conocido es su valor; bien saben todos cuánta destrucción ha sembrado, sin recibir a cambio ni una

[32] Cf. San Isidoro, *Etym.*, XII, 2, 28, para la definición de *lyciscus*.

[33] Valtario, como *sodalis* de Atila, ha roto voluntariamente sus vínculos con él, por lo que ningún miembro del séquito tiene obligación de desagraviar al rey (S. Gäbe, «Gefolgschaft und Blutrache im *Waltharius*», *Mittellateinisches Jahrbuch* 21 (1986), 91-94). Su postura es antitética a la de la comitiva de Guntario, cuyos guerreros marchan ciegamente a la muerte por deseo de su señor en cumplimiento de las leyes del *Gefolge*.

sola herida en su carrera de victorias. Por eso el rey no puede persuadir a ninguno de sus hombres a que a tan alto precio obtenga las riquezas prometidas.

El fugitivo Valtario —como ya he dicho— caminaba de noche, y de día, adentrándose en lo más espeso de los bosques, atraía con maña a los pájaros y con maña los capturaba, cazándolos unas veces con liga y otras con horquillas de madera. Y cuando llegaba a un lugar por donde fluían ríos serpenteantes, arrojaba el anzuelo al agua, arrebatando al río la presa. De este modo, y sin escatimar esfuerzos, conseguía ahuyentar el tormento del hambre[34]. Y durante todo el tiempo que duró la fuga, se abstuvo de trato carnal con la doncella el héroe digno de alabanza, el valiente Valtario.

Cuarenta veces ha completado el sol su giro desde que abandonó la corte de Panonia. Ese mismo día, cuadragésimo de la serie, llega al anochecer a orillas del Rin[35], allí por don-

[34] En el canto oral, el viaje debió simbolizar la larga etapa migratoria de los tervingios, durante la cual su sustento dependió de la *annona* imperial (el alimento de que se proveía al ejército) o de lo que obtenían de la caza y la rapiña. La versión carolingia —en una perspectiva cristiana— le dio otra dimensión y lo transformó en viaje salvífico y penitencial durante el cual Valtario e Hildegunda llevaron una vida de soledad, abstinencia y castidad, propia de monjes, como preparación al regreso a la Patria, igual que el alma debe prepararse para el retorno a la patria celeste. Es probable que este viaje todavía estuviera interpretado dentro del pensamiento neoplatónico, que tanto influyó en el cristianismo hasta el s. VII (A. Courcelle, «Quelques symboles funéraires du néoplatonisme latin», *Revue des Études Anciennes* 46 (1944), 73). El tema del doble viaje de ida y retorno lo encontramos en otros héroes germánicos, como en el franco Childerico, que fue expulsado desde su reino a Turingia y regresó años después junto a los suyos (Gregorio de Tours, *Historiae*, II, que debió tomar la historia —en la que también se pueden rastrear elementos de la mitología odínica— de un poema oral sobre la muerte de Clodoveo).

[35] Cuando en una de las versiones que median entre el *Waldere* y la carolingia se sustituyó el enfrentamiento de Valtario contra los burgundios por el de los francos, hubo que modificar el itinerario seguido por los dos jóvenes para llegar a Aquitania, y situarlo en el escenario concre-

de el río encamina su caudal hacia la ciudad de Worms, espléndida sede real. Con los peces que lleva en las alforjas paga Valtario el pasaje al barquero y, una vez en la otra ribera, prosigue velozmente su camino.

Apenas había disipado el nuevo día las negras tinieblas, cuando el barquero se dirigió a la ciudad antes mencionada y llevó al cocinero mayor del rey los peces que le había dado el viajero. Una vez cocinados, se los presentaron al rey Guntario, quien se quedó estupefacto al verlos y dijo desde su alto sitial: «Jamás se han visto en Francia peces de esta especie. Pienso que deben proceder de un país extranjero. Dime inmediatamente quién te los ha proporcionado». El cocinero respondió que se los había dado un barquero, y el rey ordenó que condujesen a aquel hombre a su presencia. Una vez llegado el barquero e interrogado acerca del asunto, expuso pormenorizadamente lo sucedido: «Ayer por la tarde me encontraba yo a orillas del Rin cuando vi que a buen paso se acercaba un caminante, armado como un guerrero antes de la batalla. Estaba, ¡oh rey glorioso!, totalmente cubierto de bronce; avanzaba con el escudo embrazado y empuñando una resplandeciente lanza. Su aspecto era el de un fuerte paladín y, aunque llevaba encima un peso formidable, su marcha era ligera y desenvuelta. Lo seguía de cerca, tanto que con el pie rozaba su pie, una joven de extraordinaria belleza, sujetando la brida de un robusto caballo que llevaba en el lomo dos arcas de tamaño considerable. Sacudió la cabeza el noble bruto, levantando a la vez, dobladas, las soberbias patas delanteras, y de las arcas surgió un sonido como de oro y piedras preciosas entrechocándose. Ya en la ribera, el héroe me pagó el pasaje con esos peces».

Al oír Haganón estas palabras —estaba sentado a la mesa[36]—, exclamó lleno de alegría: «¡Alegraos conmigo, porque

to de los Vosgos, como era frecuente en la Alta Edad Media (Cl. Carozzi, «La Géographie de l'audelà et sa signification pendant le Haut Moyen Âge», *Popoli e paesi nella cultura altomedievale, Settimana di Spoleto 1981*, Spoleto, 1983, págs. 423-481).

[36] Haganón formaba parte de la comitiva de Guntario y, de acuerdo con la costumbre, compartía su mesa. Los *conuiuia* eran parte esencial

sé quién es ese hombre! Mi compañero Valtario ha regresado del país de los Hunos».

Jubiloso ante tal explicación, el rey Guntario grita, y toda la corte lo aclama: «¡Alegraos conmigo, porque he vivido lo bastante para ver esto! El tesoro que Gibicón tuvo otrora que enviar al rey del Oriente, ahora el Todopoderoso me lo ha vuelto a traer a mi reino[37]».

Dicho esto, apartó la mesa con un pie, se levantó y mandó que le trajeran su caballo con la tallada silla de montar puesta. Entonces escogió de toda la tropa a doce bravos guerreros[38], famosos por su fuerza y por su coraje. Entre ellos

de la vida social y privada de los germanos (Tácito, *Germania*, 22) porque allí los espíritus se abrían a la franqueza, se animaban a la grandeza y se trataban asuntos diversos tales como la reconciliación con enemigos privados, la conclusión de alianzas de familia, la elección de los jefes, la paz y la guerra. Cuando los invitados poseían armas propias asistían con ellas, ya que eran signo distintivo del linaje al que se pertenecía. Si no se perdían en combate, tras morir y ser despojado por los vencedores, se transmitían en el seno de la estirpe (por ej. Beowulf heredó las suyas, obra de Wéland, de su abuelo materno).

A partir de aquí se toca el tema de la amistad de Haganón con Valtario, la cual, a juzgar por los vv. 1239-1242, se había iniciado durante su cautiverio en Panonia y de ella había resultado un vínculo de *fides* entre ambos. Habida cuenta de su diferencia de edad —Haganón era un guerrero y Valtario un muchacho cuando fueron entregados como rehenes— cabe la posibilidad de que hubieran mantenido relaciones de pederastia. Esta costumbre la practicaban algunos pueblos, como hérulos y taifales (H. Wolfram, *History of the Goths*, Berkeley, 1986, págs. 107-108), y los godos podían conocerla porque incluyeron en su *gens* a un grupo de los últimos que les acompañaron hasta Aquitania. La relación concluía cuando el joven era considerado hombre adulto. El tema de la amistad entre los dos varones fue argumento recurrente de la poesía medieval sobre Amis y Amiles, y reaparece en la *Chanson de Roland* y en la *Balada de Gaiferos*.

[37] Guntario peca desde el primer momento de *cupiditas,* al entender que el tesoro que lleva Valtario es el que, en otro tiempo, había tenido que entregar Gibicón a Atila, y sin pararse a considerar que Heririco y Alfere también hicieron lo mismo.

[38] Este número simbólico se vuelve a encontrar en la posterior *Chanson de Roland*, dándose la coincidencia de existir un obispo en ambas comitivas. La de Guntario está formada por compañeros de armas (*socii*, *sodales* y *comitantes satellites*, términos que indican su pertenen-

estaba Haganón, quien, recordando la fe jurada a su compañero Valtario, intentó en vano disuadir a su señor de semejante empresa[39]. Pero el rey persistió en sus planes, apremiando así a sus campeones: «No os tardéis, mis valientes. Ceñíos la espada a vuestros recios talles y ajustaos la escamosa coraza al pecho. ¿Acaso es justo que ese hombre sustraiga tan valioso tesoro a los Francos?». Y, completamente armados —era el rey quien los aguijaba— salieron en tu busca, Valtario, con ánimo de arrebatarte, como a un cobarde, tus riquezas. De mil maneras trató Haganón de impedir la marcha, pe-

cia a un ejército privado), entre algunos de los cuales hay lazos de sangre (Camalón y Cimón, Haganón y Patafrido). La *Gefolgschaft* se transformó, desde fines del s. IV y con la aparición de la nueva nobleza militar, en un complejo sistema de estratificación social cuyos miembros estaban vinculados al jefe a través de la encomendación y la lealtad personal. Estas, una vez consolidadas las monarquías germánicas, se hicieron extensivas a los agentes oficiales de los monarcas (*comites*), que reprodujeron los cargos domésticos de los últimos emperadores (*comes sacrarum largitionum*, *comes cubicularum*, *comes patrimonii*...). Así nació el nuevo *comitatus*. En el mismo séquito real, y también en el de los particulares, existían otros miembros de nivel más bajo, los *saiones*, que recibían las armas de su señor.

Los *comitantes satellites* de Guntario eran francos del Este a quienes se sumaron Ekifrido, un sajón exiliado, y Camalón y su sobrino Cimón, que eran de Metz, es decir, de la futura Lotaringia. Aunque para M. Wilmotte («La patrie du Waltharius», *Revue Historique* 127 (1918), 8) estos dos estarían en el grupo sólo por casualidad, la presencia del obispo de Metz, que además es *comes* y se presenta ante Valtario como embajador del rey de la *inclita Francia* (v. 582), estaría estrechamente emparentada con la importancia que Carlomagno dio a la diócesis en relación con sus intereses dinásticos (W. Goffart, «Paul the Deacon's *Gesta episcoporum Mettensium* and the Early Design of Charlemagne's Succession», *Traditio* 42 (1986), 59-94), por lo que, en mi opinión, sería un añadido carolingio. En el *comitatus* real había también miembros de linaje troyano: Haganón, su sobrino Patafrido y Verinardo (*cognatus* de Pándaro). El resto son francos, oriundos por su antropónimo de Alsacia-Lorena —epicentro del Imperio de Carlomagno y región próxima a Worms— y algunos de ellos *comites*, como Gervito, que era *comes Wormatiae Campis*.

[39] Haganón se encontró cogido entre dos promesas de *fidelitas* distintas y antagónicas y, para no violar ninguna, intentó disuadir al rey para no incurrir en desobediencia.

ro el rey, funestamente, no quiso avenirse a razones ni renunciar a sus designios.

Entretanto el magnánimo héroe se alejaba del río y penetraba en la espesura de unos montes que ya entonces se llamaban Vosgos: una floresta inmensa, refugio de innumerables fieras, acostumbrada al eco de los trompas y de los perros de los cazadores. Dos cumbres vecinas se alzaban en aquel paraje; entre ambas existía una amena, aunque angosta, gruta silvestre, no excavada en la tierra, sino formada por yuxtaposición de rocas. Se diría pensada para dar cobijo a sanguinarios ladrones. Alrededor el suelo estaba tapizado de verdura. Apenas vio la cueva, dijo el joven: «Aquí, entremos aquí. Es un lugar idóneo para acampar y dar reposo a nuestros agotados cuerpos». Desde que huyó del país de los Ávaros no había podido dormir más que apoyado en el escudo y con los ojos entreabiertos. Ahora por fin puede despojarse de las pesadas armas y abandonarse en el regazo de la doncella[40], a la que dice: «Vigila atentamente, Hildegunda, y, si ves levantarse una nube de polvo en lontananza, házmelo saber mediante un leve roce, para que vuelva a ponerme en pie. Y aunque la tropa que veas avanzar sea muy numerosa, procura no despertarme bruscamente, querida mía. Desde aquí tu mirada abarca una gran extensión de terreno. No dejes de advertirme del menor movimiento que percibas». Dijo, y se le cerraron los ojos, y por fin disfrutó del sueño, tan largamente deseado.

Cuando Guntario descubrió las huellas del fugitivo, espoleó cruelmente a su caballo y, exultando vanamente en su corazón, gritó a sus hombres: «Apresuraos, valientes. Pronto le daremos alcance. Ya no puede escapársenos. Tendrá que

[40] Parecería éste el momento oportuno para que Valtario e Hildegunda hubieran tenido su noche de bodas, lógica tras la celebración de su matrimonio privado en Panonia. No ocurre así, porque una de las supersticiones propias del guerrero es guardar abstinencia de mujeres en tiempo de combate. La misma se hace extensiva al cazador y al pescador. Como Valtario cumple los tres papeles, su castidad debe ser total.

devolvernos el tesoro robado». El glorioso Haganón le dirigió a su vez estas palabras: «¡Oh fortísimo rey! Una cosa tan sólo voy a decirte: si hubieras visto, como yo, a Valtario en el campo de batalla; si lo hubieras visto, como yo, arder de furia en medio de la matanza, estoy seguro de que no pensarías que es tan fácil arrebatarle el tesoro. Yo lo vi conducir los ejércitos de Panonia en campañas guerreras contra pueblos del Norte o países meridionales. Era siempre Valtario quien, resplandeciente de coraje, infundía terror en el enemigo y admiración en las filas propias. El que se enfrentaba con él veía sin tardanza el Tártaro. Puedes creerme, ¡oh rey!, y vosotros, camaradas, porque he sido testigo de su fuerza al enderezar el escudo y del ímpetu sin igual con que arroja la lanza». Pero Guntario, obcecado, se mantuvo en su decisión. Ya estaban cerca de la gruta.

Aguzando la vista desde lo alto de la montaña, Hildegunda ve alzarse una gran polvareda y distingue jinetes en lontananza. Con toque ligero despierta a Valtario, quien, levantando la cabeza, inquiere si alguien se aproxima. Ella le responde que una pequeña tropa se acerca velozmente desde lejos. Liberando sus ojos de las tinieblas del sueño, el héroe reviste de hierro sus arrecidos miembros, coge el pesado escudo y la lanza y, franqueando de un salto el umbral de la cueva, corta el aire vacío con sus armas. De este modo se prepara para el combate, que se anuncia duro y amargo. Cuando la mujer ve que se aproximan más y más las brillantes lanzas, dice, embargada por el terror: «¡Son los Hunos!», y triste se desploma, mientras añade: «Mi señor, te suplico que me cortes el cuello con tu espada. Que, si no he sido digna de que nuestro pacto matrimonial se consume, no estoy dispuesta a ser de otro hombre». Responde el joven: «¿Mancharme yo con tu sangre inocente? ¿Cómo podría esta espada derribar a mis enemigos si no respetara la vida de amiga tan leal? ¡Lejos de mí atender a tus ruegos! Que el terror abandone tu alma. Aquel que me ha librado hasta hoy de tantos peligros no dudo de que me ayudará también ahora a confundir a nuestros adversarios». Dicho esto, alza la vista y continúa: «No son los Ávaros quienes se acercan, sino esos fanfarrones[41] de los Francos, que habitan este país». Reconoce entonces el yelmo de Haganón y, sonriendo, dice: «Viene con ellos Haganón, mi viejo amigo y compañero».

Acto seguido, el héroe se situó en la entrada de la gruta y, volviéndose hacia la mujer, que estaba en el interior, le dijo: «Aquí, en la entrada de esta cueva, pronuncio este soberbio juramento: a su regreso, ninguno de esos Francos podrá jactarse impunemente ante su esposa de habernos arrebatado un ápice de tan rico tesoro». Apenas hubo dicho esto, cayó en tierra, pidiendo perdón por el juramento. Volvió luego a ponerse en pie y miró con cautela a sus enemigos: «De los que veo no temo a ninguno, excepción hecha de Haganón, que conoce mi manera de combatir y es muy hábil y diestro con las armas. Si con la ayuda de Dios consigo darle adecuada réplica, ten por seguro, Hildegunda, novia mía, que saldré sano y salvo de esta batalla».

Cuando vio Haganón a Valtario, así apostado en la entrada de la cueva, se dirigió a su arrogante rey con estas palabras: «Señor, no ataques sin más a ese hombre. Envía primero mensajeros que se informen acerca de su linaje y de su patria[42], que averigüen su nombre y de dónde viene, que le ofrezcan la paz sin derramamiento de sangre a cambio del tesoro. Por sus respuestas sabremos quién es, y, si es Valtario, tal vez se someta a la dignidad de un monarca como tú, pues prudencia no le falta».

El rey mandó ir a un guerrero llamado Camalón[43], a quien la ilustre Francia había enviado a la ciudad de Metz como go-

[41] La crítica feroz a Guntario, como paradigma del anticristiano, se hace extensiva a su comitiva, con excepción de Haganón.

[42] Amparándose en que Valtario lleva las armas de Atila, Haganón intenta, una vez más, disuadir al rey del enfrentamiento proponiéndole que venda a aquél la paz. Por su parte el héroe, que no entiende las razones del monarca para considerar su quebrantamiento, esperaba de los francos la *hospitalitas* (v. 1247), derecho a alojamiento y a alimento que tenían los soldados del ejército romano en tránsito.

[43] Camalón es nombre, probablemente, de origen céltico, que alcanzó gran difusión en la épica medieval. E. von Richthofen (*Nuevos estudios épicos medievales*, Madrid, 1970, pág. 245, n. 138) hace notar que se trata de un topónimo transformado en antropónimo, a partir del cual se

bernador y que había llegado con ricos dones a la corte un día antes de que el soberano se enterase de todo esto. A rienda suelta vuela y, semejante al rápido Euro[44], atraviesa pronto el espacio que lo separa del joven, que lo aguarda a pie firme, y le espeta: «Hombre, dime, ¿quién eres? ¿De dónde vienes? ¿Adónde te diriges?». El magnánimo héroe le responde: «Antes quiero saber si has venido aquí por tu propia voluntad o si ha sido otro quien te ha enviado». Contesta entonces Camalón con tono altanero: «Ha sido Guntario, el poderoso rey de este país, quien me ha enviado a informarme de todo lo relativo a ti».

Oída la demanda del mensajero, el muchacho dijo: «En verdad que no alcanzo a comprender su interés en tener noticias de un simple transeúnte, pero no me da miedo dártelas. Me llamo Valtario; nací en Aquitania. De niño, mi padre me entregó como rehén a los Hunos, entre los que viví y a los que ahora he abandonado, deseoso de volver a ver mi patria y a mi querido pueblo». El mensajero respondió: «El héroe a quien acabo de referirme ordena que le entregues el caballo con las arcas y a la doncella. Si así lo haces, te otorgará libertad y vida».

La firme respuesta de Valtario no se hizo esperar: «Creo que nunca he oído a un hombre juicioso hablar de una manera tan estúpida. De modo que me hablas de no sé qué rey que concede algo que no tiene ni quizá tendrá nunca. ¿Acaso es Dios, puesto que así dispone de mi vida? ¿Me tiene por ventura en sus manos? ¿Me ha encerrado en una de sus prisiones o me ha atado las manos a la espalda? No obstante,

inventó más tarde la figura caballeresca de Camilote. Pese a que se nos dice que era arzobispo (*metropolitanus* v. 644) y gobernador (*praefectus* v. 583) de Metz, su nombre no aparece en los *Gesta Episcoporum Mettensium* de Paulo Diácono. La institución del metropolitano provincial fue creada por el Papa para vincular a su persona a las iglesias locales o nacionales, evitando su dispersión y asegurando su romanidad. Está atestiguada, al menos, desde mediados del s. v en la *Epist.*, 14, 11 de León I (Migne, *P. L.*, 54, col. 676).

[44] Uno de los cuatro vientos cardinales que sopla de Oriente (Homero, *Od.* V, 295 y sigs.). Se representaba como una joven alada sembrando flores, y viéndose a su espalda el sol naciente.

escucha: si me ahorra la batalla —pues veo que ha venido armado, con intención de pelear—, le daré cien brazaletes de áureo metal, para honrar su título de rey». Oída esta respuesta, el mensajero regresa con sus príncipes y les da cumplida cuenta de lo sucedido.

Dice entonces Haganón a su rey: «Acepta el tesoro que te ofrece. Con él, señor, podrás recompensar a los miembros de tu séquito[45]. Recuerda que todavía no hemos ganado la batalla. No conoces a Valtario, ni la medida de su valor. Según el sueño que he tenido esta misma noche, no nos irán las cosas bien si le presentamos combate. Te he visto luchar con un oso; tras larguísima pugna, la fiera te arrancaba a mordiscos una pierna hasta el muslo; luego se volvía contra mí, que había acudido en tu ayuda con mis armas, y con sus dientes me sacaba un ojo»[46].

[45] Los *comitantes* establecían un contrato personal (*fidem facere*, *Lex sal.*, L, 1 y 3) con su jefe por el que renunciaban a la plenitud de su libertad y se obligaban con aquél, en nombre de quien podían ejercer violencia legal (E. Magnou-Nortier, *Foi et fidélité. Recherches sur l'évolution des liens personnels chez les francs du VIIe au IXe s.*, Univ. de Toulouse-le-Mirail, 1976, pág. 14 y sigs). Valtario, que conoce las reglas de la *fides*, no entiende el argumento y califica al embajador de *stultius* (v. 605) e *importunus* (v. 654), preguntando si ha cometido alguna culpa que mereciera una compensación económica (*wergeld*).

[46] Guntario conocía el valor simbólico del sueño, que había que interpretar como presagios que no tardaban en realizarse. Aunque él ya no participa de las creencias paganas, probablemente sabía que el oso era el emblema de la casta guerrera y que se le atribuía carácter religioso (en gótico se decía *baíra,* «castaño», por lo que se supone que su uso era considerado tabú). El cristianismo rechaza que el alma, imagen de Dios, pueda ser transformada en un animal, y en la Antigüedad denunció la metensomatosis como herejía (P. Courcelle, «Polémica anticristiana y platonismo cristiano: de Arnobio a San Ambrosio» en A. Momigliano, *El conflicto entre el paganismo y el cristianismo en el s.* IV, Madrid, 1989, 200-201). Tampoco el mundo germánico aceptó la teoría de la metempsicosis (G. Dumézil, *Mythe et épopée...*, II, pág. 115), pero en las arcaicas mitologías germánicas y célticas debió existir la creencia de que el guerrero eminente (el *berserkir*) poseía varias almas, siendo una de ellas de naturaleza animal (*ibid.* pág. 207), que se obtenía mediante metamorfosis o una herencia monstruosa. Es probable que el autor carolingio no entendiera el simbolismo del oso, y que lo interpretara como una ima-

Ante la advertencia de su barón, aquel soberbio rey exclama: «Según veo, eres igual que Hagacio, tu padre. También él escondía bajo el pecho glacial un corazón cobarde, y rehuía la pelea perdiéndose en palabras».

Acto seguido, el héroe se inflama en justa cólera (si es lícito enojarse con el propio señor) y dice: «La suerte de la batalla depende de vuestras armas. Ahí tenéis a Valtario, frente a vosotros. Todos estáis dispuestos a combatir: no se lo impide el miedo a ninguno. En cuanto a mí, me limitaré a contemplar el combate y renunciaré a los despojos». Dicho esto, se dirigió a una colina cercana y, bajando de su caballo, se sentó a mirar.

Entonces Guntario se dirige a Camalón: «Vete a decirle que me entregue todo el tesoro. Si vacila —sé que eres fuerte y audaz guerrero—, preséntale batalla, véncelo y consigue el botín por la fuerza».

Avanza, pues, el bravo Camalón, arzobispo metropolitano[47] de Metz, mientras el yelmo resplandece sobre su cabeza

gen onírica cinegética del tipo de las que Artemidoro de Éfeso (s. II d. C.) recogió en su *Interpretación de los sueños*; de ahí que, más abajo (vv. 1337-1342), volviera a utilizarla al asimilar la lucha de Haganón y Guntario contra Valtario con la caza del oso en Numidia. Tampoco lo entiende D. Kratz (*Mocking epic*..., págs. 19-20) para quien estos versos son una *imitatio* de la *Eneida* (X, 707-715, donde se compara a Mezencio con un jabalí perseguido por perros), o, de «la idea de Sedulius que asimila a los esbirros de Cristo con perros»; o, incluso de Estacio, quien habla (*Tebaida* XI, 530-538) de Eteocles y Polinices como de jabalíes rabiosos, cuyo enfrentamiento fratricida es el desenlace de la visión profética de una bacante que ve dos toros combatiendo hasta la muerte (IV, 396-400). Para esta autora las predicciones oníricas son la solución hallada por el poeta carolingio para anticipar el resultado de la batalla final.

[47] Guntario elige a un arzobispo metropolitano —más precisamente el de Metz— con cualidades militares (v. 642) para realizar una ordalía o Juicio de Dios en combate singular a caballo contra Valtario. Estas ordalías de duelo están recogidas en los códigos legislativos germánicos. Hay disparidad de opiniones sobre su práctica por los godos (en contra está A. Iglesia Ferreiros, «El proceso del conde Bera y el problema de las or-

y la coraza sobre su pecho. Y desde lejos grita: «¡Eh, amigo, escúchame! ¡Entrega todo el oro al rey de los Francos, si quieres prolongar tu salud y tu vida!».

Se mantuvo un rato en silencio el fortísimo héroe, esperando que se acercase su feroz enemigo. A galope tendido, el mensajero repetía: «¡Entrega todo el oro al rey de los Francos!». Entonces el prudente joven le dio esta respuesta: «¿Qué buscas, impertinente? ¿Qué pretendes que entregue? ¿Acaso le he robado al rey Guntario el tesoro que me reclama? ¿Qué beneficio he obtenido de él para que me exija a cambio usura tan grande? ¿Acaso he causado algún daño en mi paso por vuestro país que justifique el que intentes arrebatarme lo que es mío? Si tu pueblo es tan celoso de su territorio que no consiente que lo pise ningún extranjero, estoy dispuesto a comprar el derecho de atravesar el país dándole al rey doscientos brazaletes, para que me conceda la paz y renuncie al combate».

Escuchó Camalón estas palabras con salvaje disposición de ánimo, y dijo: «Debes aumentar tu regalo y abrir las arcas del tesoro. Pero basta ya de palabras. Dame lo que te pido o perderás la vida». Dijo, y embrazó el triple escudo y, blandiendo la reluciente lanza, la arrojó con todas sus fuerzas. El joven, prevenido, esquivó el golpe, y la lanza, volando, hirió inútilmente la tierra.

dalías», *Anuario de Historia del Derecho Español* (1981), págs. 1-221 y, a favor, J. Alvarado Planas, «Ordalías y derecho en la España Visigoda», *De la Antigüedad al Medievo, s. IV-VIII,* III Congreso de Estudios medievales, León, 1993, pág. 443). La *Lex Burg.*, XLV (año 502), indica que la victoria en el campo de batalla era consecuencia del favor divino sobre el vencedor. Esta forma de resolver un proceso judicial repugnaba a algunos legisladores germanos que estaban influenciados por el pensamiento de la Iglesia y el derecho romano. Precisamente por ello el autor carolingio intentó encubrir esta costumbre transponiendo el combate de las Virtudes y los Vicios de la *Psychomachia* prudenciana al de Valtario y los francos, dado que su contenido se ajustaba a la belicosidad de la escena y a su intención moralizante. La *Psychomachia* fue un texto frecuente en las bibliotecas carolingias, y se contaba entre los favoritos de los miembros de la escuela cortesana.

Dice entonces Valtario: «Sea, si así lo quieres». Y, al decir esto, arroja él también su lanza, que atraviesa el escudo por el lado izquierdo, y la mano con la que Camalón iba a desenvainar la espada queda clavada al muslo, llegando la punta del arma hasta el lomo del caballo. Al sentirse herida, la bestia se enfurece, agita con violencia las ancas e intenta derribar a su jinete. Y tal vez lo hubiese logrado, de no ser por la lanza que los unía.

Se desprende entretanto Camalón del escudo y, agarrando la lanza con la mano izquierda, se afana en liberar su diestra. Mas se apercibe de ello Valtario, nuestro glorioso héroe, y, acercándose al punto a su rival, le traba por los pies y le introduce en el pecho su espada hasta la empuñadura, sacando luego la hoja ensangrentada, al igual que la lanza, de la herida. Así cayeron a la vez caballo y caballero[48].

Era testigo del combate un sobrino de Camalón, Cimón, el hijo de su hermano, a quien algunos preferían llamar Escaramundo, quien prorrumpió en lágrimas y, llorando, dijo a sus compañeros: «Este es un asunto que me concierne a mí más que a ninguno. Vengaré a mi querido amigo o lo acompañaré en su viaje al reino de los muertos[49]». Lo angosto del lugar obligaba a combatir con Valtario de uno en uno, sin que nadie pudiese recabar ayuda del compañero. Destinado a morir, el infeliz Escaramundo se lanza al ataque, blandiendo dos venablos de ancha punta de hierro. Y, cuando ve a Valtario que lo aguarda a pie firme y sin vestigio alguno de temor en el rostro, le dice, haciendo rechinar los dientes y

[48] Valtario demuestra un respeto al obispo, que no hará extensivo al resto de la comitiva franca (salvo con Equifrido y Hadavardo), y no le corta la cabeza.

[49] Concluida la ordalía con resultado favorable para Valtario, Cimón Escaramundo, sobrino agnado de Camalón, utiliza el argumento de la venganza familiar (vv. 700-701) para proseguir la lucha. Su nombre es un monotemático originario de Alsacia-Lorena que deriva del alto-alemán *Kumo,* «esforzado», mientras que Escaramundo es otro bitemático alto-alemán que podría significar «protegido con hierro», pues, en efecto, llevaba entre sus armas dos férreos venablos de ancha punta (que también conocían los hunos), una *spatha* de doble filo y un yelmo. En comparación con otros francos iba pobremente equipado.

sacudiendo violentamente las crines de su yelmo: «¿En qué confías? ¿Qué esperanza te queda? No busco tu tesoro ni nada de lo que posees; sólo quiero la vida de mi pariente muerto». El héroe le responde: «Si me demuestras que he sido yo quien ha iniciado la batalla o que merezco por algún motivo la suerte que me deseas, he aquí mi pecho para tu lanza». No había aún terminado de hablar cuando Escaramundo le arrojó uno de sus venablos y, en seguida, el otro. Esquiva el gloriosísimo héroe el primero de ellos y rechaza con su escudo el segundo. Desenvaina entonces Escaramundo su filosa espada y se precipita sobre el joven con ánimo de partirle la frente; pero el fogoso caballo lo conduce demasiado cerca de su rival, lo que impide que pueda abrir la herida deseada en la cabeza de Valtario, quien recibe el golpe en el yelmo: el choque hace que éste retumbe y que lance chispas al aire. No había hecho volver grupas Escaramundo a su caballo cuando Valtario le clavó la punta de la lanza bajo la barba, derribándolo moribundo de la alta silla. Cortó luego con su propia espada la cabeza de su rival, que imploraba misericordia, e hizo correr la sangre del Franco junto a la de su tío.

Cuando el soberbio Guntario vio morir a Escaramundo, exhortó a sus compañeros a que lucharan con renovado furor: «Ataquémoslo sin concederle el más mínimo respiro, hasta que el cansancio lo venza. Entonces se verá obligado a entregar el tesoro y pagará con la vida la sangre que ha derramado[50]».

El tercero en buscar batalla fue Verinardo, quien, a través de muchas generaciones, descendía de ti, ilustre Pándaro[51], y

[50] Aquí se introduce un tercer motivo de enfrentamiento, la venganza de sangre de los miembros del *Gefolge*, que no tenían otra posible compensación que la vida del oponente.

[51] Pándaro fue un guerrero troyano a quien Apolo entregó su arco. Gracias a su habilidad con él, y por consejo de Atenea, hirió a Menelao a traición (*Ilíada*, IV, 86-147) durante la tregua pactada tras su duelo con Paris. Verinardo heredó su linaje, la habilidad con el arco y también el arte de la traición porque, en vez de empuñar la lanza o la espada, reglamentarias en un enfrentamiento cuerpo a cuerpo, utilizó flechas lanzadas desde lejos en desigual combate, actuando como un *sagittarius*.

cultivaba tu mismo arte. Fuiste tú quien antaño, aguijado por una diosa para romper la tregua, disparaste el primero una flecha en medio de los Aqueos. Despreciando la lanza, tomó Verinardo arco y aljaba, e intentó abatir a Valtario en desigual combate, con saetas impulsadas desde lejos. Pero el héroe se mantuvo indemne, oponiendo a las flechas el giro vertiginoso de su escudo o esquivando, prudente, los dardos. Unas veces saltaba, otras se protegía con el escudo; lo cierto es que ninguna de las flechas alcanzó su objetivo. Cuando el Pandárida se dio cuenta de que había agotado sus saetas, montó en cólera, desenvainó al punto la espada y se lanzó al ataque, gritando estas palabras: «¡Taimado! Si has logrado esquivar mis veloces saetas, estoy seguro de que no podrás eludir el formidable golpe de mi diestra».

Con el semblante risueño, Valtario le responde: «Hace tiempo que espero un combate en idénticas condiciones y con las mismas armas. Date prisa, que estoy dispuesto a recibirte». Dice y, con todas sus fuerzas, le arroja la lanza. Detiene ésta su vuelo en el pecho del caballo, que se encabrita, derriba a su jinete y se desploma sobre él. Acude el héroe y arrebata la espada a su adversario. Le quita luego el yelmo de la cabeza y, aferrándolo por los rubios cabellos, responde así a los ruegos del vencido: «No demuestras ahora la arrogancia de antes». Y le corta la cabeza, dejando abandonado el tronco.

La visión de los tres cadáveres no asusta al demente Guntario. Antes bien, ordena a sus hombres que sigan dirigiéndose a la muerte sin demora. El cuarto en probar suerte es Equifrido, natural de Sajonia, quien, tras matar a un noble en su país, se había desterrado[52] allí. Monta un caballo bayo con pintas. Cuando ve a Valtario dispuesto para el duelo, le pregunta: «Dime, maldito, ¿tu cuerpo es algo que se puede tocar,

Su ilustre origen, junto al de Haganón, prestigiaba más el de los propios francos.

[52] Sajonia fue incorporada por Carlomagno a su Imperio. Su proximidad a Worms explica que Equifrido se refugiara allí.

o nos engañas con fantasmas hechos de aire[53]? Lo cierto es que me pareces un fauno de los que habitan en las selvas[54]».

Valtario le responde con una alegre carcajada: «Tu pintoresca manera de hablar revela que perteneces a aquel pueblo a quien Naturaleza concedió la primacía en el arte de la broma. Pero si te acercas más, tanto que pueda tocarte con mi diestra, podrás luego contar a los Sajones que viste en los Vosgos el fantasma de un fauno».

«Quiero saber de qué estás hecho en realidad», dijo Equifrido, y arrojó con fuerza su lanza. Vuela el arma impulsada desde la correa, pero el duro escudo la quiebra. Y Valtario responde, al tiempo que arroja la suya: «Éste es el regalo que te envía el fauno de las selvas. ¡Mira si mi dardo penetra más que el tuyo!». La lanza traspasó el escudo forrado de cuero y, rasgando la túnica, fue a detenerse en el pulmón. Cae muerto el infeliz Equifrido, vomitando un río de sangre: he aquí cómo encuentra la muerte quien intenta huir de ella. Tomó entonces el joven el caballo del vencido y lo envió a pastar al prado que había a sus espaldas.

Pide a Guntario entonces el escudo un quinto guerrero, Hadavardo, de corazón engreído y presuntuoso. Al partir, deja la lanza en custodia a sus compañeros, pues el temerario confía vanamente en que bastará el poder de su espada. Cuando ve que los cuerpos de los muertos impiden el paso a su montura, descabalga y continúa a pie su camino. Valtario lo aguarda completamente armado, a pie firme, alabando en su fuero interno a aquel guerrero que le ofrece un combate

[53] Gregorio de Tours (*Historiae*, IV, XXIX) habla de un ardid mágico utilizado por los hunos que consistía en hacer ver fantasmas a los enemigos. Equifrido, al tomar a Valtario por huno confundido por su armadura, consideró la posibilidad de que utilizara la magia y le obligara a lidiar contra un fantasma.

[54] Equifrido está impregnado de pensamiento religioso pagano y convencido de que Valtario es un ser no tangible. Se presenta al combate sin coraza, armado sólo con escudo y lanza, como iban los guerreros de Odín, según la *Ynglingasaga*, cap. VI (G. Dumézil, *Heur et malheur du guerrier*..., pág. 208). Sin embargo Valtario se toma a broma las alusiones a su identidad divina.

en igualdad de condiciones. Hadavardo le dice: «¡Oh astuto forjador de engaños, maestro de falacias, serpiente, tú que acostumbras a esconder los miembros bajo escamosa coraza, tú que, recogido en espiral como una culebra, esquivas todos los golpes sin recibir una sola herida y te burlas sin freno hasta de las saetas envenenadas[55]! ¿Piensas acaso que tu astucia va a poder librarte del infalible golpe de mi diestra? No es como los demás el adversario que ahora tienes enfrente. Escucha mi consejo: rinde el pintado escudo; me pertenece como botín: el rey me lo ha prometido; no lo vayas a estropear, pues mis ojos se complacen en él. Y si se da el caso de que seas tú quien me quite la vida, hay aquí tantos camaradas y tantos parientes de sangre que, aunque te conviertas en pájaro y te nazcan alas, nunca permitirán que abandones el campo sano y salvo».

El héroe, sin inmutarse, le responde: «Prescindo de lo demás; pero quiero defender el escudo[56]. Grandes servicios, créeme, me ha prestado. A menudo se ha opuesto a mis

[55] La *Ynglingasaga* (cap. VI) cuenta que Odín podía cambiar de apariencia a su voluntad, y (cap. VII) convertirse en pájaro, animal salvaje o serpiente (J. de Vries, *Altgermanische Religionsgeschichte*, I, Berlín, 1956, págs. 454 y 492-496; II, 1957, págs. 95-99). Hadavardo conoce, como Equifrido, la teología odínica. Es consciente de que se enfrenta a un ser superior y que ha sido designado por el propio dios para morir; pero también, que él no es como los otros (v. 797), probablemente por su condición de guerrero de Odín (va armado sólo con yelmo, escudo y espada, lo que le obligaba a una lucha cuerpo a cuerpo), por lo que basa el combate en su furor y fortaleza. Valtario le profesa gran respeto y tampoco le corta la cabeza. En la Edad Media el cristianismo representó a la serpiente bajo apariencia de dragón, y lo identificó como el obstáculo que hay que salvar para alcanzar el plano de lo sagrado. Tal interpretación se encuentra también en narraciones paganas de la época, como el mito de Sigfrido.

[56] El escudo de Valtario era de madera pintada, forrado de piel, reforzado en su cara externa por un umbo y un broquel de metal, y en la interna con abrazadera de marfil.

enemigos y ha recibido las heridas que a mí iban destinadas. Cuán útil me ha sido hoy, tú mismo lo has visto: no estarías hablando con Valtario de no existir este escudo. ¡Mano diestra, rechaza con todas tus fuerzas al enemigo, para que no me arrebate defensa tan segura! ¡Y tú, mano izquierda, agarra firmemente el asa del escudo y dispón en torno a su marfil tus dedos, como si estuviesen pegados con cola! No te desprendas de esa preciada carga que por tantos caminos has llevado, desde el lejano país de los Ávaros!».

Replica Hadavardo: «Mal de tu grado me lo entregarás, si rehúsas hacerlo voluntariamente. No sólo perderás el escudo, sino también el caballo, la doncella y el oro. ¡Vas a pagar por fin la deuda de tus crímenes!». Dice, y saca su célebre espada de la vaina. Y ambos guerreros, nacidos en tan distintas partes del mundo, coinciden entre sí en la batalla. Atónitos quedan los Vosgos ante los golpes que intercambian. Los dos están sobrados de ánimo y de pericia con las armas: Hadavardo confía en su espada, Valtario se muestra intratable con la lanza. Ambos se combaten con gran saña y violencia. No causa tanto estrépito el hacha al golpear la negra encina, como el que producen los yelmos y los escudos al entrechocarse. Maravillados están los Francos de que Valtario, el héroe, no demuestre cansancio, pese a que no le han dado tregua ni reposo. Da un salto entonces el de Worms, creyendo poder hacerlo impunemente, y levanta furioso la espada, seguro de que aquel golpe terminaría el duelo. Pero Valtario, previsor, maniobra hábilmente con la lanza y detiene el golpe de su enemigo, obligándolo a soltar la espada, que cae lejos, brillando entre los matorrales. Al verse despojado de su amiga la espada, Hadavardo emprende veloz fuga, buscando refugio entre el ramaje, pero el hijo de Alfere, fiado en la ligereza de sus pies y en el vigor de su juventud, lo persigue diciéndole: «¿Adónde huyes? ¡Coge ahora el escudo!». Dice, y levanta al punto con ambas manos la lanza, y descarga el golpe. Hadavardo se desploma, y su enorme escudo cae con estrépito sobre él. Insiste el héroe y, pisándole el cuello, le arrebata el escudo y lo clava al suelo con la lanza. Con los ojos en blanco, Hadavardo exhala su último suspiro.

Patafrido fue el sexto[57]. Una hermana carnal de Haganón lo había dado a luz. Cuando su tío lo vio avanzar, intentó disuadirlo de la empresa con vehementes palabras: «¿Adónde vas? Mira cómo sonríe la muerte. ¡Desiste! Las Parcas ya devanan tus últimos hilos. Tu mente te engaña, querido sobrino. ¡Renuncia al combate! Tus fuerzas no pueden compararse con las de Valtario». Pero aquel infeliz desoye tan prudente consejo y sigue adelante, pues arde en sus venas el deseo de obtener gloria. Haganón está triste y, entre largos suspiros que le brotan del pecho, prorrumpe en estas quejas, surgidas de lo más profundo de su corazón: «¡Oh torbellino del mundo, insaciable apetito de poseer, abismo de la avaricia, entraña de todos los males! ¡Ojalá devorases, cruel, tan sólo el oro y las demás riquezas, y dejases en paz a los hombres! Porque también inflamas a los hombres con tu poder perverso, y ninguno se contenta con lo que tiene. La codicia es quien hace que no teman acudir al encuentro de una muerte afrentosa. Cuanto más tienen, más les consume el ansia de poseer. Quieren apoderarse de lo ajeno por la fuerza o mediante engaños y —lo que es más lamentable y digno de llanto— arrojan al horno del Érebo, para conseguirlo, a almas nacidas en el cielo. Y yo no he sido capaz de detener a mi amado sobrino: ¡tanto lo has aguijado, oh cruel codicia! Corre ciego al encuentro de una muerte nefanda, en pos de una vil gloria que no hará sino sepultarlo entre las sombras. ¡Ah, mi querido sobrino! ¿Qué voy a decirle, desventurado, a tu ma-

[57] En respuesta al convencimiento de Hadavardo de que sus *socii carnisque propinqui* (v. 802) le vengarían, Patafrido se lanza al combate. Estaba unido a Haganón por el vínculo del avunculado al ser hijo de su hermana (E. Benveniste, *Vocabulario de las instituciones indoeuropeas*, Madrid, 1983, págs. 149-155), lo que establecía entre ambos una relación especial parecida a la de padre-hijo (Tácito, *Germania*, XX, 5). Haganón valora los lazos de parentesco de origen indoeuropeo por encima de cualquier otra relación u obligación.

dre? ¿Quién podrá consolar, querido, a tu recién casada esposa, a la que ni siquiera has dado la alegría de un hijo, esperanza frustrada? ¿Qué locura es ésta? ¿De dónde viene tal desvarío?» Así dice, mientras abundantes lágrimas le inundan el pecho y repite una y otra vez: «¡Adiós, hermoso mío!», entre sollozos.

Aunque desde lejos, Valtario ve que su camarada está triste, y llega a sus oídos el clamor de sus lamentos. Por ello, dice así al jinete que viene a combatir con él: «Acepta mi consejo, ilustre joven, y resérvate para un mejor destino. Retírate. Te engaña tu ardiente confianza. ¡Mira cuántos cadáveres de héroes! Renuncia al combate. No aumentes el número de mis enemigos muertos.» Responde Patafrido: «¿Por qué te preocupas de mi muerte, sanguinario tirano? Es hora de luchar, no de hacer sermones». Dijo, y al punto le arrojó la nudosa lanza. Valtario consiguió desviarla con la suya, y el arma, impulsada con fuerza por el furibundo guerrero, atravesó los aires hasta caer en la gruta, deteniéndose a los pies de la muchacha. Ésta, horrorizada, profirió un grito agudo muy femenino; después, cuando la sangre volvió a teñirle el rostro, se asomó recelosa a ver si el héroe continuaba vivo.

Una vez más, el esforzado paladín invitó al Franco a abandonar la lucha. Pero Patafrido, furioso, desenvainó la espada y se precipitó contra él, blandiendo el arma. El hijo de Alfere embrazó el sólido escudo y, haciendo rechinar los dientes al modo de un feroz jabalí, se mantuvo en silencio. Su adversario, con ánimo de herirlo, se lanzó hacia adelante con todo el cuerpo, a fin de golpearlo; pero Valtario bajó la cabeza, cubriéndose con el escudo, y Patafrido falló el golpe, cayendo torpemente al suelo. Hubiera sido el fin, si el héroe no hubiese tenido que ponerse de rodillas para protegerse bajo el escudo. Mientras Valtario se levanta, su enemigo se pone en pie, se cubre presuroso con el escudo y se dispone en vano a proseguir el combate, porque el hijo de Alfere clava en tierra la lanza y lo ataca en seguida con la espada, descargándole un poderoso golpe que hiende el escudo por la mitad, atraviesa la cota de mallas y llega al vientre, dejando al descubierto los intestinos. El infeliz Patafrido cae, mirando atónito sus propias vísceras, y da su cuerpo a las fieras del bosque y su alma al Orco.

Jurando vengar a Patafrido, se adelanta Gervito[58]. A lomos de su fuerte caballo, supera de un salto el obstáculo de los cadáveres que obstruyen el angosto sendero. Apenas ha cortado el paladín el cuello al vencido, cuando Gervito se le viene encima y hace vibrar sobre su cabeza el hacha de doble filo (ese tipo de armas usaban los Francos entonces). Valtario, velozmente, opone el escudo, haciendo vano el golpe. Salta luego hacia atrás, arroja sobre la verde hierba la espada tinta en sangre y torna al duelo con su amiga la lanza.

Hubieras visto qué tremendo es el combate entre ambos héroes. No intercambian palabra mientras luchan con las armas de Marte: tanto absorbe sus mentes la pelea. El uno arde en deseos de vengar a sus compañeros muertos; intenta el otro defender su vida a toda costa y, si la suerte le es favorable, obtener la palma del triunfo. Golpea éste, aquél se defiende; ataca aquél, éste retrocede: suerte y coraje se confunden en el ardor de la batalla. Con su larga lanza Valtario mantiene a distancia a su enemigo, que empuña una lanza más corta. Entonces el Franco hace girar a su caballo, con la intención de sorprender al fatigado hijo de Alfere.

Crece por momentos la ira de Valtario. Desde abajo, levanta con la lanza el escudo de Gervito. El hierro atraviesa el muslo y penetra en la ingle. Cae Gervito de espaldas gritando horriblemente, golpeando el suelo con los pies, maldiciendo su suerte. Valtario le corta la cabeza y deja abandonado el tronco de quien había sido conde en los campos de Worms.

[58] Tenía el título de *comes Wormatiae campis* en el *comitatus* de Guntario. J. Pokorny, en su *Indogermanisches Etymologisches Wörterbuch,* Berna-Múnich, 1959, recoge el antropónimo 'Gerwi' entre los propios de Alsacia. Su nombre es un bitemático (*ger* «lanza» y *witu* «madera»), que podría hacer referencia a la lanza corta que usó después de haber arrojado a Valtario la francisca, objeto que empleó el poeta carolingio para garantizar la antigüedad franca del personaje (v. 919).

Los Francos comienzan a cuestionar la pelea y ruegan a su señor que renuncie a la lucha. Pero aquel desgraciado, ciego de ira, les dice: «La situación presente, ¡oh guerreros, de cuyo gran valor he recibido tantas pruebas!, no debe suscitar miedo en vosotros, sino cólera. ¿Qué sería de mí, si tuviese que abandonar los Vosgos sin haber obtenido más que ignominia? Convenid conmigo en que es preferible morir a regresar a Worms, después de lo que ha sucedido. ¿Va a regresar ése a su patria victorioso e incólume? Hasta ahora habéis combatido para despojarlo del tesoro; ahora, guerreros, os inflama el designio de vengar la sangre derramada. Que pague con su muerte la muerte que ha sembrado, con su sangre la sangre que ha vertido[59]. ¡Sólo la destrucción de su asesino hará olvidar la muerte de vuestros compañeros!».

Con estas palabras el demente enardece los ánimos de sus campeones, y nadie piensa ya en salvar la vida, sino que cada uno se afana en preceder al camarada en su carrera hacia la muerte, como si se tratase de un juego. Pero la senda era tan estrecha —lo dije antes— que no permitía que fuesen más de dos los contendientes. El esclarecido Valtario aprovecha entretanto las vacilaciones de los Francos: se quita el yelmo empenachado y lo cuelga de un árbol, y se enjuga el sudor mientras recobra momentáneamente el aliento.

Mas he aquí que el atlético Randolfo[60] adelanta a caballo a sus compañeros y ataca de improviso a Valtario, golpeándolo

[59] Ante la amenaza de los hombres de romper sus vínculos con él, Guntario les recuerda sus obligaciones como miembros de la *Gefolgschaft* germánica. Tal reacción obligó al poeta carolingio a llamar al rey *miser caecusque* y *demens*, posiblemente ante el convencimiento de que debía ser la legislación de derecho público la que se encargara de proteger o sancionar al individuo.

[60] Su nombre también alude a su equipo de combate (*randus* «escudo» y *wulf* «lobo»). Se lanzó sobre Valtario a traición, y fue el primero que consiguió mutilarle cortándole dos mechones de la cabeza, momento a partir del cual aquél empezó a perder sus armas y quedaron menoscabados su integridad física y su vigor. La cabellera larga en los varones era una tradición bárbara pagana combatida por la Iglesia desde S. Pablo (*I Cor.*, 11, 14), y distintivo de la realeza germánica, hasta el punto que su corte significaba la renuncia a los derechos al trono. Si la inter-

debajo del pecho con la lanza de hierro. Y si la coraza, forjada por Wieland[61], no hubiera detenido el golpe, la lanza hubiese penetrado en las vísceras del héroe.

Desprevenido, Valtario no sabe a qué atenerse, pero pronto recupera el ánimo y opone la defensa del escudo a su adversario. No le da tiempo, empero, a recoger el yelmo del árbol. El Franco, por su parte, desenvaina la espada y, con ella, descarga sobre la cabeza del Aquitano un primer tajo que le arranca dos mechones de pelo, pero no llega a rozar la piel. Insiste Randolfo con un segundo golpe, que Valtario detiene con el escudo, quedando fuertemente clavada la espada en el broquel, tanto que el Franco es incapaz de desclavarla, aun intentándolo con todas sus fuerzas. Entonces el hijo de Alfere se arroja como un rayo sobre él, lo derriba por tierra de un violento empujón, se sienta sobre su pecho y le dice: «Tú me has cortado el pelo; yo te voy a cortar la cabeza. Así no podrás jactarte ante tu esposa de mi calvicie». Dicho esto, degüella a su enemigo, que implora en vano misericordia.

El noveno en luchar es Helmnodo[62]; utiliza como arma un tridente anudado a una triple cuerda que sujetan los compañeros que han quedado atrás. El plan era el siguiente: cuando, arrojado el tridente, éste se clavara en el escudo de Valtario, todos a la vez tirarían de la cuerda, derribando al furioso héroe de la silla. Con esta artimaña juzgan segura la victoria. Depositando todo su vigor en su brazo, Helmnodo se apresura a lanzar el tridente, mientras grita a Valtario:

pretación más probable de esta *decalvatio* es la explicada en relación con la independencia de los duques aquitanos, hay que considerar también la posibilidad de que el autor carolingio se inspirara en *Jueces*, 16, 17 («si fuere rapado mi fuerza se apartaría de mí y seré debilitado») para explicar el declive de fortaleza que sufre el héroe a partir de este momento.

[61] Herrero de la mitología germánica que, como Ícaro, escapó de la prisión gracias a unas alas que él fabricó. Aparece en varios poemas épicos de tradición germánica, además de en *Waldere*.

[62] El sobrenombre de Eleutiro, Helmnodo, probablemente haga alusión a su casco (*helm* en alto-alemán; *hilms* en gótico).

«¡Éste es el golpe que va a acabar contigo, calvo!» Hendiendo el aire, el arma relampaguea, como ese género de serpientes que se dejan caer desde lo alto de los árboles, con tanto ímpetu que arrollan todos los obstáculos. Mas, ¿por qué me detengo? El tridente corta la superficie del escudo y queda clavado en él. Un grito unánime brota entonces de las gargantas de los Francos, un clamor que resuena en la floresta. Los guerreros se afanan a porfía en tirar de la cuerda; el príncipe no duda en aplicarse a la misma labor. Ríos de sudor fluyen por los miembros de todos, pero sus esfuerzos son vanos, porque el héroe no se mueve ni un ápice, como la encina que hacia las estrellas levanta su ramaje, pero que, al mismo tiempo, ahonda más sus raíces en el Tártaro, desafiando firme e inmóvil el fragor de los vientos.

Como no pueden derribarlo, los Francos, animándose unos a otros, pugnan por arrancarle al menos el escudo, su principal defensa. Creían que, quitándoselo, podrían fácilmente capturarlo vivo. Éstos son los nombres de los campeones supervivientes que tiran de la cuerda: el noveno es Eleutiro, también llamado Helmnodo; al décimo lo envía la ciudad de Estrasburgo[63], y se llama Trogo; Tanasto es el undécimo y viene de la floreciente Espira; el propio rey ocupa el duodécimo lugar, que hubiera correspondido a Haganón.

Los cuatro guerreros se disponen a medir sus fuerzas con las de un solo hombre, a la par que ensordecen el bosque con su griterío.

Esta vana tarea de los Francos encoleriza al hijo de Alfere. Tiempo hace que tiene la cabeza desnuda de yelmo, pero ahora se despoja también del escudo, confiando tan sólo en la espada y en la coraza de bronce. Al primero que ataca es a Eleutiro: le rompe el yelmo sobre el cráneo, desparramándole el cerebro, le corta la cabeza y le abre el pecho, huyendo del herido corazón el soplo y el calor de la vida.

Luego acometió a Trogo, que aún asía la funesta cuerda, aturdido ante la muerte de su compañero. Al ver que Valtario se precipita sobre él, el Franco es presa del terror e intenta

[63] Los *oppida Argentina*.

en vano darse a la fuga y recoger las armas abandonadas (todos habían dejado en tierra lanzas y escudos para tirar de la cuerda), a fin de defenderse de su enemigo. Pero nuestro grandísimo héroe no sólo es más fuerte, sino también más rápido que su rival y, dándole alcance, lo hiere en la pantorrilla, deteniendo su loca carrera, y le arrebata el escudo. Trogo, aunque herido, no pierde el ánimo y, reparando en un grueso pedrusco, lo coge y lo arroja con todas sus fuerzas contra su rival. La piedra hace añicos el escudo de arriba abajo, pero el forro de cuero mantiene unida la madera quebrada. Obligado a luchar de rodillas, desenvaina Trogo la fuerte espada y, ardiendo en ira, hace temblar el aire con sus golpes. Si no puede demostrar con hazañas su valor, bien lo acredita con el coraje que manifiesta cuando, oyendo ya las risas de los muertos, dice intrépidamente a Valtario: «¡Ah, si me acompañase en este trance mi inseparable escudo! Es el azar, no tu famoso valor, quien te ha dado la victoria. Me has robado el escudo. ¡Ven ahora a por mi espada!».

«Ya voy», dijo el héroe sonriendo, y de inmediato le cortó de un tajo la diestra que empuñaba la espada. Iba a descargar un segundo tajo que abriese las puertas al alma fugitiva de Trogo, cuando Tanasto, que había recuperado, junto con el rey, las armas, interpuso el escudo, parando el golpe destinado a su camarada. Indignado, Valtario dirige su ira contra su nuevo contrincante y, de un solo golpe, le arranca con la espada un brazo de raíz, lo hiere en el costado y disemina sus vísceras por el suelo. Al caer, Tanasto musita con un hilo de voz: «¡Adiós!», y muere. Ni siquiera al ver muerto a su defensor incurre Trogo en ruegos ni en súplicas; antes bien, irrita a su vencedor con ásperas injurias, bien porque su bravura natural así se lo dicta, bien por haber perdido toda esperanza. Dice entonces el hijo de Alfere: «¡Muere, y ve al Tártaro a contarles a tus compañeros que los has vengado[64]!».

[64] Con los vv. 1057-1058 y la muerte de Tanasto concluye la presentación del antiguo *Gefolge*. A partir de aquí Haganón inicia las nuevas relaciones vasallático-feudales, donde se aúnan la idea romana de obediencia y la germánica de fidelidad personal, en detrimento de la fuerza

Dicho esto, rodea la garganta de Trogo con un collar de sangre. Y los dos camaradas ruedan por el polvo, golpeando al mismo tiempo con los pies el campo ensangrentado.

Suspira el infeliz Guntario ante semejante panorama y, buscando la salvación, monta rápidamente en su caballo, ricamente enjaezado, y vuela junto al triste Haganón. Una vez a su lado, le dirige mil ruegos con ánimo de persuadirlo a que lo acompañe y reemprendan juntos la batalla. Haganón, por su parte, le responde: «La innoble estirpe de mis mayores me prohíbe combatir: la sangre glacial que corre por mis venas ha borrado en mi mente todo pensamiento de lucha; mi padre se moría de miedo al ver una lanza y rehuía la pelea perdiéndose en palabras. Si has pronunciado, ¡oh rey!, estos insultos ante los miembros de tu séquito, me parece indigno que solicites ayuda de individuos de mi linaje».

Pese al rechazo, el rey sigue intentando convencer a Haganón con insistentes súplicas[65]: «¡Por los dioses del cielo te ruego que depongas ese furor y expulses de tu ánimo la ira que por mi culpa te inflama! Si conservo la vida y regresamos juntos a casa, cancelaré mi deuda contigo con beneficios innumerables. Después de la muerte de tantos amigos y parientes, ¿no te da vergüenza ocultar tu hombría? Por lo que veo, las palabras te encolerizan más que los nefandos hechos. Más justo sería que guardases tu indignación para el feroz tirano que ha cubierto hoy de infamia, él solo, al caudillo más grande del mundo[66]. No es poco el daño recibido por la matanza

efectiva de la parentela, cuyo papel había empezado a perder significado desde el s. VII. Guntario, sin embargo, seguirá siendo paradójico representante del mundo pagano anterior (vv. 1079-1081).

[65] Mientras que al inicio del combate Haganón rehusó participar alegando no encontrar motivos justos para la ruptura de la paz, ahora invoca la ofensa pública sufrida por él y su padre (v. 1071) para justificar la segunda negativa.

[66] Guntario, conocedor de la nueva *fiducia* de su vasallo, utilizó los argumentos apropiados para atraerse a Haganón. Empezó por prometerle *benefactis multis* (v. 1078) —que los críticos dudan en traducir como

de nuestros guerreros, pero un deshonor tal no podrá Francia superarlo jamás. Todos aquellos que nos admiraban nos despreciarán ahora diciendo: 'Todo un ejército de Francos ha sucumbido a manos, ¡oh vergüenza!, de un solo hombre, y ni siquiera sabemos quién es'».

Vacilaba aún Haganón, pues sopesaba en su corazón la lealtad jurada tantas veces a Valtario y dudaba del éxito de la batalla tal y como se habían desarrollado los acontecimientos. Por su parte, el infeliz rey no se rendía e insistía en sus ruegos. Vencido al fin por las súplicas de Guntario, Haganón enrojeció de vergüenza en presencia de su señor, pensando que su prestigio y su reputación de héroe se derrumbarían si, en tan difícil situación, se abstuviese de combatir. Rompió, pues, el silencio y, con voz clara y firme[67], le dijo: «¿Adónde

beneficios o como investir de un cargo (S. Gäbe, «Gefolgschaft und Blutrache im *Waltharius*», *Mittellatenisches Jahrbuch* 21 (1986), 92)—, y llamó a continuación *tyrannum* a Valtario (v. 1082), porque él sólo se había atrevido a enfrentarse al caudillo (*caput orbis*), alterando su propia estabilidad y la de su reino, lo que era un deshonor para Francia.

[67] Haganón no quiere ser totalmente desleal con su antiguo amigo y, elevando la voz, le advierte de su nueva situación jurídica en la que no va a obrar por *fides* sino por *fiducia* (v. 1099); lo que se traducía, en el plano activo, en su ayuda militar. Con este paso quedó obligado al *fidele obsequium et sincerum servitium* del príncipe, y a su *custodia et vigilantia* (C. Sánchez Albornoz, *En torno a los orígenes del feudalismo. I: Fideles y gardingos en la monarquía visigoda*, Mendoza, 1942, págs. 117-133) —pese a conocer que la decisión del rey no era cuerda (v. 1101)—, por lo que le aclaró que no luchaba movido por su dolor personal, sino por defender el honor real. Ninguno de los once francos anteriores había combatido por esta idea. El nuevo entendimiento quedó fortalecido con un beso (v. 1127) entre rey y vasallo, que implicaba más que una manifestación de cariño (S. Gäbe, «Gefolgschaft und Blutrache im *Waltharius*», cit., pág. 92). Con esta ceremonia, que A. Dopchs piensa que pudo iniciarse con los sucesores de Clodoveo (*Fundamentos económicos y sociales de la cultura europea. De César a Carlomagno*, FCE, 1982, cap. IX), desaparecieron los últimos vestigios del orden tribal, con la venganza de la *sippe* (grupo familiar en el que se integran los descendientes de un mismo antepasado cercano) y la fe en la amistad; y se destacó que, en el estado vasallático-feudal emergente, la fidelidad del vasallo hacia su señor estaría por encima de cualquier otro sentimiento (el IV concilio de Toledo del año 633 dedicó el canon LXXV al tema de

me llamas, señor? ¿Adónde tengo que seguirte, ilustre príncipe? La lealtad promete al corazón incluso aquello que no puede cumplirse. ¿Cuándo se ha visto un hombre tan estúpido que se arroje de un salto por propia voluntad al abismo? Sé muy bien que Valtario, temible de por sí en campo abierto, en el lugar y posición que ocupa puede desafiar impunemente a un ejército entero igual que si fuese un hombrecillo aislado. Si Francia hubiera enviado contra él a todos sus infantes y jinetes, hubiese hecho con ellos lo mismo que con ese puñado de guerreros. Mas como veo que te duele más el deshonor que la pérdida de tus hombres y que no quieres abandonar el campo, me asocio a tu propio sentir y pospongo el dolor personal al honor de mi rey. Y heme aquí buscando un camino de salvación que es imposible, o demasiado complicado, encontrar. Te confieso, señor, que por mi querido sobrino no hubiese quebrantado la fe que le debo a Valtario. Por ti, rey, es por quien ahora voy al encuentro de un peligro cierto. No obstante, debes saber que me niego a combatir aquí. Retirémonos, a fin de que salga de su refugio. Dejemos pastar a los caballos en el prado y permanezcamos al acecho hasta que él, pensando que nos hemos ido, abandone la gruta. Cuando pise terreno abierto, caeremos de improviso sobre él por la espalda. Sólo así podremos dar la medida de nuestro valor. En las actuales circunstancias, no veo otra posibilidad. Entonces tendrás ocasión de combatir, si te complace la pelea, pues él, aunque solo, no rehuirá la batalla contra nosotros dos, y tú y yo habremos de huir o batirnos encarnizadamente con él». Alaba Guntario el consejo, y abraza y besa a Haganón. Parten ambos y pronto encuentran un lugar ideal para una emboscada, y allí se apostan mientras sus caballos pacen en un hermoso prado.

la fidelidad al rey bajo juramento, con objeto de fortalecer su situación). Sin duda, esta parte fue un añadido carolingio para hacer propaganda de la nueva ideología vasallático-feudal, lo que obligó a Haganón a tener comportamientos antagónicos con su rey y con su amigo.

Febo, entretanto, se inclinaba hacia las riberas del ocaso iluminando con sus últimos rayos la bien conocida Tule[68], después de haber dejado a sus espaldas a Escotos e Iberos. Cuando el sol hubo calentado las ondas del Océano, la luna dejó ver sus cuernos en los campos de Ausonia[69]. Fue entonces cuando el sabio guerrero se puso a pensar si sería mejor quedarse a cubierto en la gruta durante el silencio nocturno, o exponerse a vagar por las inmensas y desiertas campiñas. Se debate Valtario entre ambas posibilidades, sopesando, sagaz, las ventajas e inconvenientes de su elección. Tan sólo Haganón lo preocupaba como adversario, y lo habían puesto en guardia contra él el abrazo y el beso que le había dado el rey[70]. Inciertas le parecían las intenciones del enemigo. ¿Habían regresado a Worms, su ciudad, a fin de reclutar más camaradas durante la noche que renovasen al amanecer la terrible pelea? ¿O estaban escondidos en los alrededores con ánimo de tenderle una emboscada? Lo asusta el bosque con sus intrincados senderos, y teme toparse con escabrosos espinares o, peor aún, con fieras salvajes que pongan en peligro la vida de su novia.

Luego de meditar y darle vueltas a todo esto, exclama: «Pase lo que pase, descansaré en esta gruta hasta que el sol, cumpliendo su giro, nos devuelva la luz del día. No quiero que ese rey soberbio pueda decir que, como un ladrón, me he fugado de su reino al amparo de las sombras». Dice, y con una cerca de espinas y de zarzas, aquí y allá cortadas por él

[68] Cf. San Isidoro, *Etym.*, XIV, 6, 4. La última de las islas conocidas por los romanos más allá de Britania, y que algunos identifican con Islandia a partir del dato del hispalense de que no existe día más allá, donde el mar está inmóvil y helado.

[69] Denominación de Italia en la *Eneida*.

[70] Valtario probablemente no entendió el significado de la ceremonia, según se deduce de los argumentos dirigidos a su amigo para evitar la lucha («no te he causado ningún mal», «no te olvides de la fe jurada», «llenaré tu escudo de resplandeciente metal»). Sigue anclado en la etapa anterior de religiosidad pagana, con una organización socio-política aún no estatal. De ahí los ritos piadosos que practica a continuación.

mismo, ciega la angosta senda. Hecho esto, se dirige al lugar donde yacen los muertos, coloca en cada tronco la correspondiente cabeza y, de rodillas y mirando a Oriente[71], con la mano en la espada desnuda, eleva esta plegaria: «Gracias doy al supremo Hacedor que rige todo acontecer, sin cuyo consentimiento o, mejor dicho, sin cuyo mandato nada sucede, por haberme salvado de las armas inicuas y oprobiosas de mis enemigos. Y con contrito corazón ruego al Señor benigno, ya que quiere destruir el pecado y no a los pecadores, que me conceda la gracia de volver a ver a estos héroes en la morada celeste».

Cuando ha terminado su plegaria, se levanta al instante y reúne los caballos, atándolos con mimbres retorcidos. Tan sólo seis quedaban, ya que dos habían muerto en la lucha y los tres restantes se los había llevado Guntario consigo.

Una vez realizada esta tarea, se despoja del arnés de batalla, aliviando de la pesada carga su cuerpo humeante y empapado de sudor. Intenta luego consolar con palabras de aliento a su afligida novia; entretanto repone, comiendo, las fuerzas de sus fatigados miembros, pues se encuentra agotado. Se tumba a continuación sobre el escudo, encomendando a la muchacha que vigile durante su primer sueño; que él se encargará de la vigilancia al despuntar el alba, cuando el riesgo sea mayor. Finalmente, se duerme. Sentada a su cabecera, ella veló como solía, cantando en voz baja para que el sueño no cerrase sus ojos. El héroe se despertó aún de noche y, levantándose sin demora mandó dormir a la muchacha, mientras él cogía la lanza y se apoyaba sobre ella. Ocupó el resto de la vigilia en dar vueltas en torno a los caballos y en

[71] La costumbre de orientar las tumbas Este-Oeste se mantuvo como distintivo de las necrópolis germánicas hasta el s. VI, cuando sus individuos ya practicaban el cristianismo (J. Werner, «Zur Entstehung der Reihengräberzivilisation», *Archaeologia Geographica* 1 (1950), Hamburgo, págs. 23-32). El rito de Valtario está en relación con la creencia germana de que los muertos eran intermediarios entre la colectividad de los hombres y los dioses. Había que prestar atención material a su cuerpo para evitar que se rompiese la cadena de unión.

permanecer a la escucha junto a la cerca, deseando vivamente que la luz del día volviese a iluminar el mundo.

Entretanto Lucífero, heraldo del día, escalaba el Olimpo anunciando: «Ya ve el claro sol la isla de Taprobana[72]». Era la hora en que el gélido Eoo[73] humedece de rocío la tierra, cuando el joven se dispuso a despojar a los caídos de arneses y de armas, dejándoles tan sólo las túnicas y el resto de las ropas. Tomó, pues, brazaletes, tahalíes tachonados, espadas, yelmos y lorigas. Cargó cuatro caballos con tan rico botín e hizo subir a su prometida en el quinto. Derribó luego la cerca, montó sobre el sexto caballo y se aventuró por la entrada del angosto sendero, escrutando con ojos vigilantes cuanto se ofrecía a su vista y escuchando con oído atento cada soplo de aire: un posible susurro, un rumor de pasos, el ruido de las riendas de soberbios jinetes, el sonido de cascos de caballos herrados.

Cuando se ha asegurado de que todo es silencio, envía por delante los caballos cargados con el botín y ordena también a la mujer que lo preceda. Y él, montado en el caballo que lleva las arcas del tesoro y revestido de sus armas habituales, se atreve al fin a emprender la marcha. No había aún recorrido la muchacha un millar de pasos cuando, girando la cabeza hacia atrás —la fragilidad de su sexo la tenía en un continuo sobresalto—, vio a dos guerreros que descendían a galope tendido de la montaña; al punto, pálida de terror, gritó al hombre, que venía detrás: «¡Nuestro fin tan sólo se había aplazado! ¡Huye, señor, los tienes encima!». Éste se volvió y, reconociendo a los guerreros, dijo: «En vano habría derrotado esta diestra mía a tantos enemigos si, al final, en vez de alabanzas, cosechase deshonra. Mejor es recibir una muerte gloriosa, acribillado de heridas, que perderlo todo y conservar la vida en la fuga. Pero nunca debe abandonar las

[72] Ceilán era el confín del mundo en la Antigüedad. San Isidoro (*Etym.*, XIV, 6) describe su extensión, accidentes geográficos, clima, flora, fauna y recursos naturales.

[73] La Aurora (San Isidoro, *Etym.*, V, 31, 14), primer resplandor del aire o estrella de la mañana.

esperanzas de salvarse quien se ha visto en peligros aún mayores que el presente. ¡Tú, Hildegunda, coge las riendas de León, que lleva el oro, y corre a esconderte en ese bosque próximo! En cuanto a mí, prefiero detenerme en la ladera de esta montaña, saludar a los que se acercan y esperar acontecimientos». La ilustre doncellita obedece, y el héroe embraza velozmente el escudo y blande la lanza, al objeto de ver cómo se porta el nuevo caballo bajo las armas.

Yéndose hacia Valtario en compañía de Haganón, el demente monarca le grita desde lejos estas jactanciosas palabras: «¡Atroz enemigo, es inútil que te esfuerces! Ya no estás en la gruta donde solías ladrar, rechinando los dientes como un perro rabioso. Ahora tienes que combatir en campo abierto, si es que te atreves. Veremos si el final de esta historia se parece al principio. Sé que tienes a sueldo a Fortuna y que, por ello, no consideras la fuga ni la rendición[74]».

El hijo de Alfere no juzga dignas de respuesta las palabras del rey, pero le dice al otro: «A ti te hablo, Haganón. Detente un instante, te lo ruego. ¿Cómo puede cambiar de repente un amigo tan fiel? Cuando —el hecho es reciente— te despediste de mí antes de escapar de Panonia, a duras penas pude arrancarte de mis brazos. ¿Por qué ahora vienes a mí con las armas en la mano, si en nada te he ofendido? Esperaba, te lo confieso —¡y cómo me he engañado!—, que, al saber que yo regresaba del destierro, hubieras venido a mi encuentro para ofrecerme tu saludo y tu hospitalidad, quisiera yo o no, y me hubieses acompañado después hasta el reino de mi padre. Sólo me preocupaba una cosa: hasta qué punto debía aceptar tus generosos obsequios. Atravesando, durante el viaje, países desconocidos, me decía a mí mismo: 'De los Francos nada temo, si está vivo Haganón'. Vuelve en ti, amigo mío, te lo

[74] ¿Alusión al favor divino recibido por Valtario en el duelo ordálico inicial? Aquí, el pensamiento cristiano no podía aceptar que la victoria en el campo de batalla probara la inocencia, buena fe o razón del vencedor.

ruego por aquellos juegos infantiles que practicamos juntos en concordia feliz y en los que gastamos los primeros años de nuestra vida. ¿Qué se ha hecho de aquella gloriosa amistad sin tacha que permanecía inmutable tanto en tiempo de paz como de guerra? Sólo con ver tu cara me olvidaba hasta de mi padre y, si tú estabas a mi lado, poco valía mi lejana patria. ¿Vas ahora a expulsar de tu corazón la lealtad mil veces jurada? Te lo suplico, no cometas semejante crimen y no me provoques a combatir. Que la fe que nos dimos se mantenga inviolada siempre. Si consientes en ello, saldrás enriquecido de este trance, haré que tu escudo rebose de resplandeciente metal».

Con semblante ceñudo, que presagia a las claras su ira, le responde Haganón: «Demuestra primero tu valor, Valtario, y piérdete después en sofismas. Eres tú quien ha quebrantado la fe dada, desde el momento en que me arrebataste tantos queridos compañeros y hasta parientes. No puedes excusarte diciendo que no sabías que yo estaba allí, pues, aunque tenía cubierto el rostro, tuviste que ver mis armas, tan familiares para ti, e identificar a quien las llevaba. Pero todo lo hubiera soportado si me hubieses ahorrado tan sólo un dolor: tenía yo un sobrino bienamado, tierna flor reluciente, dulce, precioso, a quien quería yo más que a nadie en el mundo; con la hoz de tu espada segaste flor tan delicada. Éste es el hecho que ha anulado el pacto que mutuamente sellamos. Ningún tesoro, por grande que sea, va a devolverme tu amistad. Quiero que mis armas me digan si eres tú el único valiente aquí. De tus manos reclamo la sangre de mi sobrino. O caigo muerto, o realizo una hazaña digna de memoria[75]».

Dicho esto, desciende de un salto del caballo. Guntario hace otro tanto, y el héroe Valtario no se tarda en hacer lo

[75] Haganón da a Valtario el argumento contrario al ofrecido el día anterior a Guntario, y vuelve a retomar los deberes engendrados por el parentesco y la comitiva sin mencionar la fidelidad vasallática propia de la nueva organización cristiano-estatal. Con ello, una vez más, se evidencia el conflictivo proceso de la transición entre ambos mundos, del que Haganón se convertirá en protagonista, al ser él quien rompa la paz.

propio, disponiéndose los tres a combatir a pie firme en la pelea que se avecina. Bajo los escudos tiemblan, excitados, los músculos de los seguidores de Marte.

Era la segunda[76] hora del día cuando se inició la batalla entre los tres guerreros, apuntando las armas de dos de ellos contra uno solo. Rota la paz, fue Haganón el primero que, reuniendo todas sus fuerzas, arrojó su lanza asesina. El hijo de Alfere, viendo que no podía esquivar el arma, que con un silbido terrible se le acercaba, le opuso hábilmente en oblicuo la superficie de su escudo. La lanza rebotó en el broquel como en una losa de mármol y, violentamente despedida, se hundió hasta los clavos en la ladera de la montaña. En seguida el soberbio Guntario, con más odio que fuerza, disparó su lanza de fresno, que fue a clavarse en la parte inferior del escudo de Valtario, quien logró desclavarla sin esfuerzo, cayendo en tierra, inofensivo, el hierro.

Entristecidos por el mal augurio, los Francos, trocando en ira el dolor, cierran filas frente a su rival y, cubiertos con sus respectivos escudos, porfían en sus ataques contra el Aquitano. Pero éste se bate con denuedo y, con ayuda de su lanza, los rechaza una y otra vez, asustando a los atacantes con su aspecto feroz y con el poderío de sus armas.

En este punto, al rey Guntario se le ocurre una idea vana: arrimarse furtivamente a su adversario y recobrar la lanza que inútilmente le había arrojado y que, caída en tierra, yacía a los mismísimos pies del héroe. Pero la corta espada que empuñaban los Francos no les permitía aproximarse al Aquitano, que los tenía en jaque con su lanza. Con un guiño de ojos indica el rey a su vasallo que hostigue al enemigo: así, protegido por él, piensa llevar a cabo su propósito.

[76] El intervalo de las horas variaba a lo largo del año, al repartirse las doce horas diurnas entre la salida y la puesta del sol, y, las nocturnas, a la inversa. Da la impresión de que la acción se desarrolla en verano, porque a los guerreros les preocupa el ardor del sol (v. 1345), y la batalla tiene larga duración. En el solsticio de verano, la *hora secunda* transcurría entre las 5h 42' y las 6h 58' (J. Carcopino, *La vida cotidiana en Roma en el apogeo del Imperio*, Buenos Aires, 1942, pág. 223 y sigs.), mientras que en el de invierno, entre las 8h 17' y las 9h 2'.

Avanza Haganón y ataca furioso a su rival, permitiendo al monarca enfundar la espada guarnecida con gemas y liberar su diestra para realizar su designio. ¿Qué diré más? Se agacha Guntario y, alargando la mano, consigue asir su lanza y, cautelosamente, tira de ella hacia sí, pidiendo a la Fortuna más de lo que ésta está dispuesta a concederle. Pues nuestro grandísimo héroe, precavido siempre en la guerra y prudentísimo en todo momento, al ver agacharse a Guntario, comprende lo que se propone y no consiente que se salga con la suya: se desembaraza al punto de Haganón, quien, para evitar un tajo, se ve obligado a retroceder; da un salto hacia adelante y pisa el mango de la lanza que el rey pretendía recuperar. Consternado Guntario ante aquel imprevisto desenlace, siente que las rodillas le flaquean. Y sin duda Valtario lo hubiera enviado al insaciable Orco[77] si el armipotente Haganón no hubiese interpuesto el escudo en defensa de su señor, dirigiendo contra el hijo de Alfere la hoja desnuda de su temible espada. Así, mientras Valtario se protege del golpe de Haganón, el rey se levanta, pero ha visto la muerte tan de cerca que por un instante se queda entontecido y tembloroso.

No hay tregua ni descanso: la encarnizada lucha continúa. Los dos Francos atacan a Valtario, ya juntos, ya alternativamente. Al ir el héroe a golpear a aquel de los dos que más se adelanta, surge el otro desde detrás y detiene el golpe. La pelea se desarrolla de la misma manera que la caza del oso en Numidia, cuando, rodeado de perros, el feroz animal se yergue, amenazante, con sus terribles garras y, agachando la cabeza, ruge y abraza estrechamente a los canes de Umbría que más cerca tiene, obligándolos a emitir dolorosos aullidos (mientras ladran alrededor, por todas partes, los molosos, que temen acercarse a la fiera); no de otro modo se prolonga

[77] Orco es sinónimo de Plutón o *Dis Pater* (San Isidoro, *Etym.*, VIII, 11, 42). Era el encargado de recibir a los muertos. La expresión empleada en el poema se usaba con frecuencia en el lenguaje familiar, pero no en el erudito.

la lucha hasta la hora nona[78]. Y, a lo largo de todo el combate, una triple angustia atenaza a los héroes: el terror de la muerte, la fatiga de la pelea y el ardor del sol.

Entretanto un molesto pensamiento ocupa la mente del héroe: «Si la Fortuna no cambia, éstos terminarán venciéndome a fuerza de engaños». Y, alzando la voz, dice a Haganón: «No te faltan hojas, ¡oh espino!, con que aguijonear, y, sin embargo, prefieres hacer esas cabriolas con las que intentas engañarme. Pero voy a hacerte sitio para que puedas acercárteme. ¡Demuestra tu valor, aunque sé que te sobra! Me disgustaría haber tenido que soportar tantos trabajos para nada». Dicho esto, salta hacia atrás y le arroja la lanza, que se hunde en el escudo, desgarra un tanto la loriga y hiere superficialmente el gigantesco cuerpo de Haganón, quien por fin aparece en todo el brillo de sus armas, sin escudo que vele su esplendor.

Una vez arrojada la lanza, Valtario desenvaina velozmente la espada y se va contra el rey, rompiéndole la parte derecha del escudo y asestándole un tajo tan asombroso que le corta a cercén una pierna a la altura del muslo[79], más arriba de la rodilla. Se desploma el rey sobre su escudo, a los pies del vencedor. Por su parte, el guerrero palidece intensamente al ver caer a su señor. Se aprestaba el hijo de Alfere a levantar de nuevo la espada tinta en sangre y descargar el golpe de gracia sobre el caído, cuando el fuerte Haganón, olvidándose de su propio dolor, se inclinó sobre Guntario y opuso al golpe su cabeza cubierta de bronce. No pudo el héroe detener la mano, y el yelmo bien labrado y admirablemente templado de Haganón recibió el golpe, lanzando chispas que se per-

[78] La *hora nona* transcurría entre las 2h 31' a las 3h 46' en verano, y, en invierno, entre la 1h 29' y las 2h 13'; por lo que, de ser verano, llevarían luchando 10 horas, o 6 en el poco probable caso de tratarse de la estación opuesta.

[79] En el v. 1369 la mutilación de Guntario incluye la pierna hasta la ingle (la misma que Haganón vio en su sueño), mientras que en los vv. 1401-1404 se habla del *regis pes*. Más que un error del autor carolingio, parece otra muestra suya de fidelidad a las fuentes, y, en concreto, de Marcos, 9, 42-48.

dieron pronto en lo alto. Estupefacta ante la dureza del casco, la espada se quebró con estrépito, ¡ay, dolor!, en mil pedazos, brillando los fragmentos por el aire y entre la hierba.

Cuando Valtario vio su espada rota, gran cólera sintió y fue presa de furibunda rabia. Fuera de sí, tiró la empuñadura, que, aun desprovista de la hoja, tenía un gran valor por el metal precioso de que estaba hecha y por el arte con que había sido fabricada, pero el héroe no quería seguir viendo aquellos tristes restos. Y, como adelantase Valtario excesivamente la mano, le fue cercenada por Haganón, cayendo al suelo aquella diestra que había hecho temblar a tantos pueblos, razas y reyes, y que tantos trofeos había conquistado. Ni siquiera en aquella tremenda circunstancia desfalleció el coraje del esforzado paladín, que logró superar los dolores de la carne gracias a la fuerza de su espíritu, y no desesperó ni se arredró. Antes bien, embrazó el escudo con el muñón ensangrentado y, con la mano sana, desenvainó la espada corta[80] que colgaba del lado diestro —como dijimos más arriba— y buscó al punto cruel venganza en su enemigo. De un poderoso tajo, en efecto, arrancó a Haganón el ojo derecho, le rajó la sien, le desprendió los labios de la boca y le rompió seis muelas.

El combate llega a su fin. Heridos y respirando con dificultad, resuelven deponer las armas[81]. ¿Quién puede salir ileso de una pelea en la que dos héroes tan denodados, y tan parejos en fuerzas y en coraje, se enfrentan en furiosa batalla?

La lucha ha terminado. Ésta es la lista de trofeos: allí yace el pie del rey Guntario, aquí la mano de Valtario y, junto a ella, el ojo aún tembloroso de Haganón. ¡Así se repartieron los brazaletes de los Ávaros!

Se sentaron Valtario y Haganón —el rey seguía tendido en tierra— y restañaron con hierbas el torrente de sangre que

[80] La *semispata* o *scrama* era la espada corta de un solo filo (cf. n. 25).

[81] Ignoramos las razones de Menéndez Pidal (*Romancero Hispánico*, pág. 294) para concluir que Valtario vence a Guntario y a Haganón.

brotaba de las heridas. Entretanto el hijo de Alfere llama a la medrosa muchacha, y ella acude solícita y venda las llagas de los guerreros.

Cuando ha realizado su tarea, le dice su novio: «¡Sírvenos ahora vino! Que beba primero Haganón; es un buen guerrero, con tal que mantenga la fe dada. Luego beberé yo, que soy el que más ha trabajado. El último en beber será Guntario, que se ha mostrado falto de energía entre tantos bravos guerreros y ha combatido sin resolución ni vigor». La hija de Heririco sigue las indicaciones del héroe, pero, cuando ofrece la copa al Franco, éste, pese a la sed que lo devora, dice: «Sirve primero al hijo de Alfere, tu esposo y señor, ¡oh doncella!, puesto que, lo confieso, es más fuerte que yo y, en la batalla, no sólo es superior a mí, sino a cualquier otro guerrero[82]».

Tanto el espinoso Haganón como el mismo Aquitano, infatigables ambos de espíritu, aunque fatigadísimos de cuerpo tras el encarnizado combatir y los tremendos golpes recibidos, entre copa y copa de vino compiten en alegres chanzas. Dice el Franco: «Amigo, de ahora en adelante irás a cazar ciervos, con cuya piel te harás fabricar guantes sin fin que te sirvan de consuelo. Y te aconsejo que el guante diestro lo rellenes de blanda lana, para engañar con su apariencia a quien no esté al corriente de lo sucedido a tu mano. Pero, ¿qué les vas a decir a los que te pregunten por qué te ciñes la espada al costado derecho, contra lo que es costumbre entre tu gente? ¿Y a tu mujer, cuando desees abrazarla y lo hagas, ¡ay!, con el brazo izquierdo, que es el de mal agüero[83]? ¿Para qué continuar? A partir de ahora, todo lo que tengas que hacer le

[82] Haganón reconoce a Valtario como el guerrero más esforzado, y le cede la prioridad en el servicio de Hildegunda en una escena que repite, una vez más, el viejo tema del *convivium* germánico, donde la figura femenina se encarga de ofrecer la copa al héroe y a sus guerreros (igual que lo hace en *Beowulf* la reina danesa Welto).

[83] El lado diestro tenía mucha importancia entre los germanos como símbolo de buena suerte; por eso, el que la mano y el ojo perdidos por los dos héroes sean los derechos, supone un castigo mayor a la propia mutilación.

tocará hacerlo a tu mano izquierda». Le responde Valtario: «¡Me maravillo de tu petulancia, tuerto Sicambro! Si yo voy a tener que cazar ciervos, tú tendrás que abstenerte desde ahora de la carne de jabalí. Bizquearás cuando impartas órdenes a tus siervos, y mirarás oblicuamente a las turbas de tus guerreros cuando las saludes. Pero, en recuerdo de nuestra vieja amistad, te voy a dar un consejo: cuando vuelvas a casa y te encuentres junto al hogar, hazte una buena papilla con leche, harina y manteca. Te servirá a la vez de alimento y de medicina».

Tras estas bromas, renuevan solemnemente su pacto[84]. Luego levantan juntos del suelo al rey, que sufría mucho, y lo colocan sobre su caballo. Finalmente se separan, regresando los Francos a Worms y el Aquitano a su patria. Allí es recibido con grandes honores y celebra públicamente la ceremonia de sus bodas con Hildegunda[85]. Y allí, querido por todos y a la muerte de su padre, rige felizmente los destinos del reino durante treinta años. Cuáles fueron las guerras que tuvieron lugar en su reinado y cuántos triunfos cosechó en ellas, mi pobre pluma despuntada no es apta para relatarlo.

[84] El poema se cierra con un *pactum* entre los dos héroes —símbolo probable del intento de conciliación de los dos mundos en pugna en el desarrollo del poema—, y con la doble intención práctica del autor: la celebración pública de las bodas, según las normas de derecho canónico, y el reconocimiento de la legalidad real de Guntario obviando sus nulas cualidades guerreras, imprescindibles en un antiguo rey germánico.

[85] La publicidad de la unión era garantía de su legitimidad, contrariamente a lo que ocurría con el concubinato. Es llamativo que el autor carolingio nada diga de la bendición nupcial que los jóvenes habrían recibido en caso de llegar «incorruptos» al matrimonio (C. Vogel, «Les rites de célébration du mariage: leur signification dans la formation du lien durant le Haut Moyen Âge», *Il matrimonio...Spoleto 1976*, 1977, pág. 434), lo que es una prueba más de que sabía que Hildegunda no era virgen. Por lo demás, sus bodas cumplieron los tres requisitos exigidos por la Iglesia desde el s. v (León Magno, *Epist.*, 167) y fueron públicas, *inter aequales*, y la novia iba legítimamente dotada, pues esa dote precisamente era el tesoro defendido por Valtario con tanta energía desde su salida de Panonia.

Tú, quienquiera que seas, que me lees, disculpa a la estridente cigarra. No repares en el tono chirriante de su voz. Piensa en la edad de quien, recién salido del nido, aún no se atreve a remontarse a las alturas.

Éste es el *Cantar de Valtario*. Jesús os conceda la salvación.

ÍNDICE ONOMÁSTICO DEL TEXTO

ÍNDICE DE PERSONAJES, OBRAS Y ASUNTOS TRATADOS EN NOTA

ÍNDICE GENERAL

Págs.